Die Diners mit Gala

Die Diners mit Gala

Gekürzte Fassung der Originalausgabe
Les dîners de Gala von 1973

TASCHEN

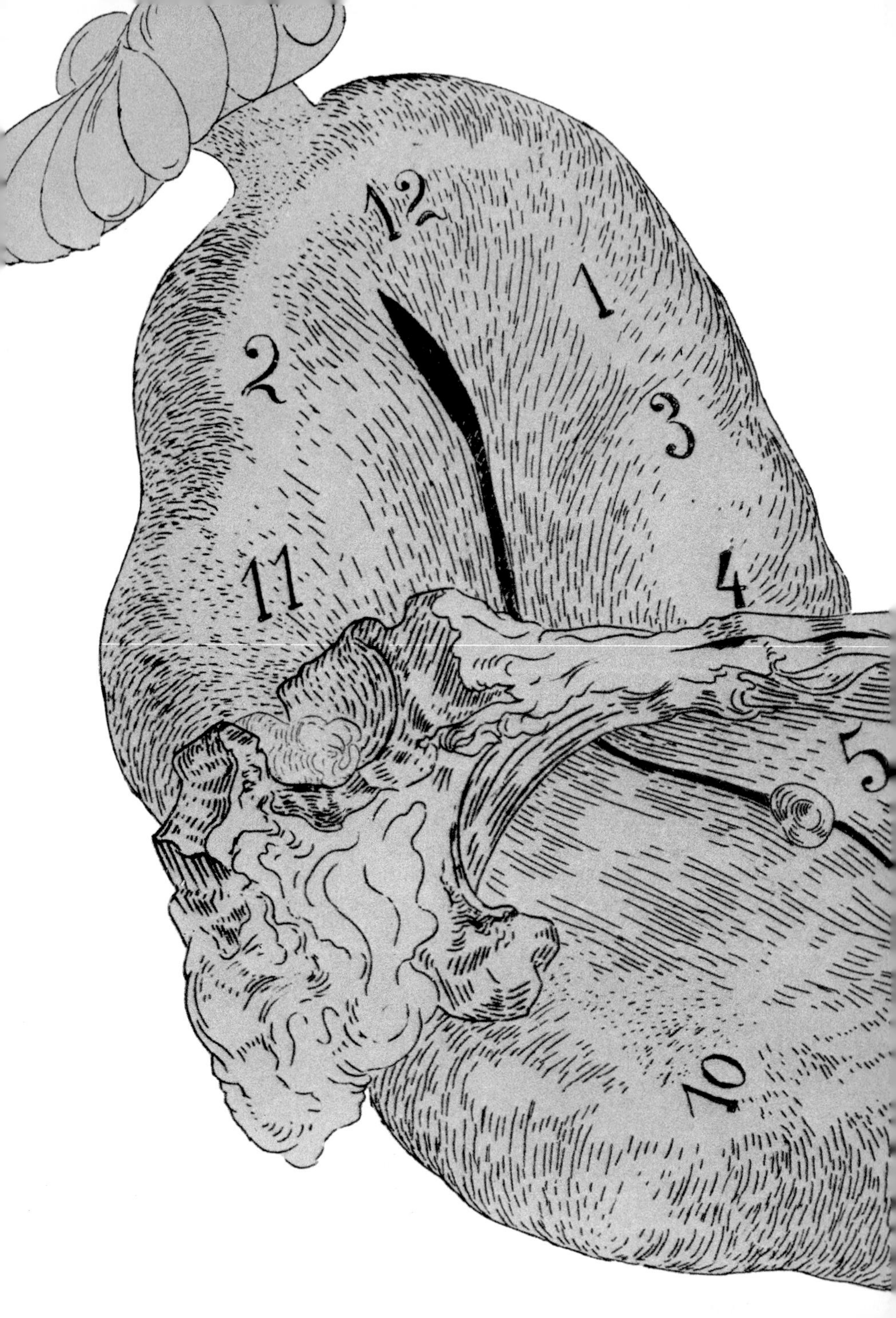
12
1
2
3
11
4
5
10

Inhalt

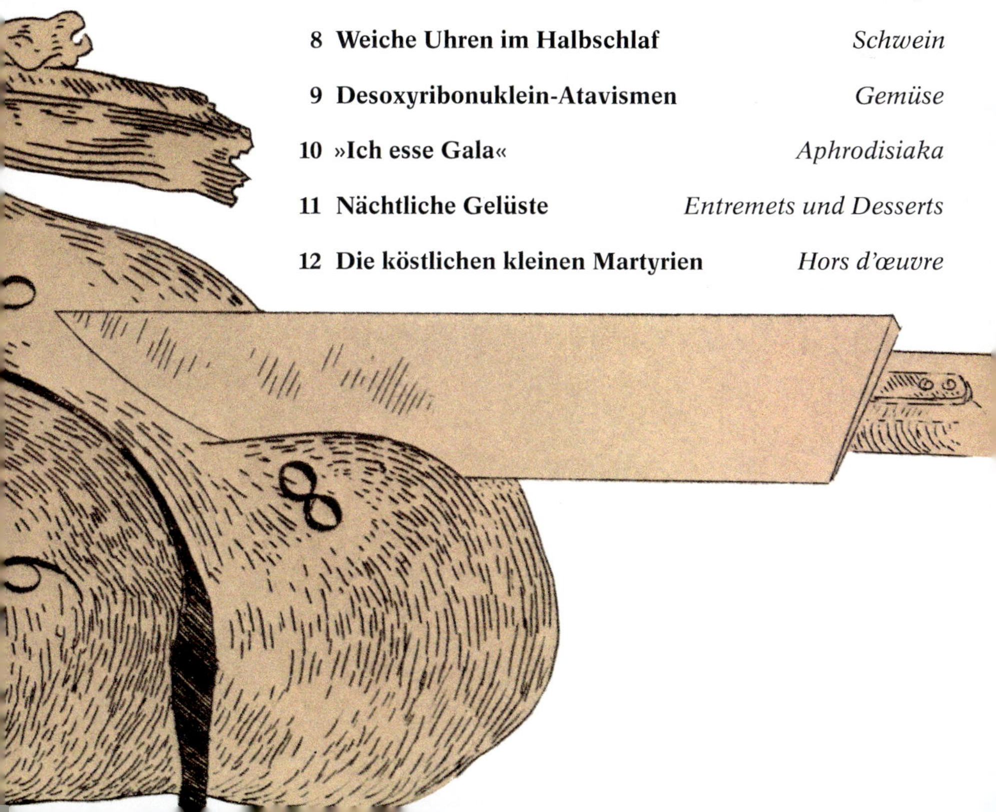

Gastronomisches Gala-Dali

Vom positivistischen Materialismus der »Physiologie des Geschmacks von Brillat-Savarin« zum mystisch-monarchischen, katholisch-apostolischen römischen Spiritualismus der Dalischen Gastro-Ästhetik

Dalis kleine Anthologie der Gastronomie

»Vergessen Sie eins nicht: Eine schöne Bekassine mit Hautgoût, in starkem Alkohol flambiert und in ihren eigenen Exkrementen serviert, wie es in den besten Restaurants von Paris Sitte ist, wird für mich auf dem ernsten Gebiet der Gastronomie stets das köstlichste Symbol echter Kultur sein. Die schlanke Anatomie einer nackten Bekassine auf der Platte reicht, so möchte man meinen, an die vollkommenen Proportionen der Raffaeliten heran.«

»Wirklich gern esse ich nur das, was eine klare und für den Verstand begreifbare Form besitzt. Und wenn ich dieses schreckliche, erniedrigende Gemüse verabscheue, das sich Spinat nennt, so deshalb, weil Spinat formlos ist wie die Freiheit.«

»Besonders Spinat, aber auch jede andere Art von Nahrung verbinde ich im Allgemeinen mit wesentlich ästhetischen und moralischen Werten. Das Gegenteil vom Spinat ist eine Auster. Austern esse ich für mein Leben gern, überhaupt alle Krustentiere, die erst nach dem Aufbrechen der Schale sich den königlichen Eroberungen durch unseren Gaumen öffnen.«

»Die Kiefer sind unsere besten Erkenntniswerkzeuge.«

»Die Schildwache des Ekels ist stets gegenwärtig, überwacht meine Mahlzeiten mit besorgter Strenge und zwingt mich, eine rigorose Auswahl meiner Nahrung zu treffen.«

Statt Einleitung und Schluß:

Legitimität
Hierarchie
Mystik

} sind a priori die drei Formen jeder Dalischen Tätigkeit

Genie und Wahnsinn

Mit Dalis eigenen Worten ist das Wesentliche gesagt, und wir könnten diese Einleitung schon hier beschließen. Doch wir gehören zu jenem Kulturkreis, in dem man nach rationalistischen Erklärungen und Kommentaren lechzt.

Deshalb wollen wir uns etwas eingehender mit jenem faszinierenden neuen Gebiet der Humanwissenschaften beschäftigen, dem wir uns seit 1946 gewidmet und das wir »Geniologie« genannt haben. Es handelt sich dabei um den Versuch, dem Genie und seinen schöpferischen Mechanismen wissenschaftlich beizukommen. Wir glauben, uns im Wesentlichen auf drei der wichtigsten Genies unserer modernen Zeit beschränken und stützen zu können: Freud, Picasso und Dali.

Wir stellen vor: »Die Gala-Diners«. Noch ein Kochbuch auf dem doch ohnehin gesättigten Markt? Wir möchten zeigen, daß es sich hier zweifellos um eine von den größten

Maîtres unserer Epoche gezeichnete gastronomische Quintessenz, vor allem aber um eine wesentlich und spezifisch Dalische Kreation handelt, wie sie auf einem derart der Banalität und dem Mittelmaß preisgegebenen, zudem auf seine rein physiologische Dimension reduzierten Gebiet bislang noch nie erdacht wurde.

Denn mit Dali wird alles anders, ein neues Universum enthüllt sich uns – ein Feenmärchen von spritziger Intelligenz und dionysischem Jubel.

Eine gastronomische Odyssee

Setzen wir die Genieforschungen fort, die in unserem »Kosmischen Dali« im »Dali über Dali« 1971 begonnen wurden! Wir können hier unsere zentripetale, spiralartige Methode vervollkommnen, unseren Abstieg in jenes Labyrinth der kreativen Zentren von Genie und Wahnsinn, der Zentren jener gelungenen therapeutischen Psychose, die sich kritische Paranoia-Methode nennt, sowie ihrer seltsamen Mechanismen: die objektive und rationale Eroberung des subjektiven und delirierenden Irrationalen – und das heißt letzten Endes zwei der spannendsten Rätsel des menschlichen Geistes: Genie und Wahnsinn – und die Dialektik ihrer Beziehung.

Dalis Gastro-Ästhetik

Es ist eine charakteristische Konstante des Dalischen Denkens, daß er gewöhnlich im Gegensatz stehende, disjunktive, widersprüchliche und unvereinbare Begriffspaare zu einer Einheit kondensiert und somit die der mittelalterlichen Scholastik und den Mystikern so teure »coincidentia oppositorum« realisiert. Eben das entspringt Dalis dioskurischer Natur.

Deshalb schlagen wir nach dem Beispiel der »Monarchie-Anarchie«, des keuschen Erotismus und der klassisch-barocken Ästhetik Dalis sowie seiner atheistischen Leidenschaft für Gott vor, seine gastronomischen Aktivitäten »Gastro-Ästhetik« zu nennen. Damit ist für den Uneingeweihten ein existentieller viszeraler Ausgangspunkt im vulgär-materialistischen Leben gesetzt und zugleich der wirkliche, tiefe, wesentliche Aspekt, die Transzendenz, das Sublimierte des Dalischen Erlebens, der Endpunkt all seines Handelns und Denkens aufgezeigt. Diesen Weg der Initiation wollen wir mit Dali als Führer betreten.

1. »All meine Erfahrungen gehen über meine Eingeweide.«

»Den Elan meiner Eingeweide halte ich für den höchsten Wegweiser.«

»Eine Erleuchtung entsteht und verdichtet sich bei mir stets in meinen Eingeweiden.«

Deutlicher und kategorischer kann man den rein physiologischen Ausgangspunkt jeder Erfahrung, jedes Erlebnisses bei Dali nicht formulieren. Schon aber lassen einige Ausdrücke den Aufstieg zum Karmel ahnen:

»Elan« – »höchster Wegweiser« – »Erleuchtung«.

2. »Alles Eßbare begeistert mich.«

»Alles fängt beim Mund an und sucht sich dann über die Nerven einen Weg im Körper.«

Aufgrund dieser Aussage könnte man Dali für einen engagierten Hedonisten und Epikureer halten.

3. Ein Coup nach Theaterart

Da aber sagt uns Dali ganz einfach, wie es ihm in der Gastronomie und auf jedem anderen Gebiet – vor einem Werk Vermeers, das er über alles bewundert, vor einer Frau, und sei sie von noch so ungewöhnlicher und betörender Schönheit – ergeht:

»Ich empfinde nichts, absolut gar nichts.«

»Ich verspüre niemals eine Regung.«

»Ich bleibe unbewegt ... meine Bewegung: Ich weiß nicht, was das bedeuten soll.«

»Nichts bewegt mich, auch nicht im Leben. Selbst mein eigenes Liebesleben bewegt mich nicht.«

Und über sein Lieblingsbild von Velázquez, »Las Meninas« , vertraut er Alain Bosquet an:

»Dieses Bild sehe ich mir regelmäßig an, wieder und wieder, und ich verspüre überhaupt nichts, weder im Herzen noch anderswo: Ich nehme den Hut ab ...«

Aber gerade im Hinblick auf die Gastronomie – ein Thema, das Dali unablässig anschneidet und ausführt – erscheint uns dieses paradoxe Ausbleiben jeder Empfindung, jeder Bewegung oder Bewertung ganz besonders überraschend und unbegreiflich. Mit analytischem Scharfblick und strenger Präzision erklärt uns Dali, was vorgeht:

»In Saulieu sagte Monsieur Dumaine eines Abends zu mir: ›Sehen Sie diese Nebelschwaden auf halber Höhe der Pappeln! Über dem Blattwerk ist der Himmel durchsichtig, die Sterne sind klar. Man könnte die Kleeblätter unter den Bäumen zählen. – Sammeln Sie sich nur! Denn an Abenden wie diesem, wenn der Nebel genau auf dieser Höhe dahinzieht, gelingt mir die überbackene Pastete am besten, die ich Ihnen jetzt zubereiten werde.‹

Ich setzte mich zu Tisch, betrachtete die Landschaft, und mein gastronomischer Genuß war süperb. Ohne seine Worte hätte ich die gleiche Pastete achtlos verschlungen. Man muß mir unbedingt sagen, daß ein Gericht außergewöhnlich ist, damit meine Papillen in Schwingung geraten.«

Wir merken hier lediglich an, daß dies zur charakteristischen und sozusagen klassischen Symptomatologie zahlreicher Psychosen gehört, ja, sogar die Grundlage der schizophrenen Psychosen bildet: Dissoziation von Emotion und Verstand sowie affektive Indifferenz. Indessen wird unser Hauptaugenmerk auf die mystische Seite der Angelegenheit gerichtet bleiben.

4. Die mystische Konversion

So entsteht also bei Dalis »Gefühlt-Erlebtem« plötzlich ein großes Loch, eine Absenz von Sein, ein Nichts, und gerade die Existenz, die Präsenz dieses Mangels, dieser Leere bereitet jene kapitale, essentielle Stufe vor, die wir Dalis Gastro-Ästhetik nennen. Die Aufhebung dieser Dissoziation, das Auffüllen dieser Bresche, dieses Lochs, dieser Leere beziehungsweise das Kitten dieses psychischen Sprungs durch den Verstand und durch ein Wertesystem gestatten und begründen Sublimierung und Transzendenz, letzten Endes den Aufstieg des Geistes.

Eine Monarchie der Intelligenz

In einer ersten Phase übernimmt die Empfindung eine olympische, fast göttlich zu nennende Intelligenz, denn sie ist begabt mit den Attributen der Allwissenheit, Allgegenwart und Unfehlbarkeit:

»Ich weiß, was ich esse; ich weiß nicht, was ich tue.«

»Wirklich gern esse ich nur das, was eine klare und für den Verstand begreifbare Form besitzt.«

Daraus folgt:

»Ich weiß also mit Sicherheit, mit wilder Entschlossenheit, was ich essen will.«

Eine gastronomische Inquisition

Auf dieser Basis permanenter Aufmerksamkeit und intellektueller Spannung, fanatisch beherrscht von unerbittlichen »inquisitorischen« Zwängen, die stets vorbedacht sind, tyrannisch wachsam gegenüber den Sinnen und dem Gefühlsleben – auf dieser Basis wird sich ein spiritueller, mystischer Imperialismus, wie er Dalis ganzem Denken und Erleben angehört, erheben, wachsen und in sich dionysischen Orgasmen entfalten. Von den Prinzipien der Legitimität und der Hierarchie geleitet, drücken sich diese Orgasmen in demütigem Gehorsam und Unterwürfigkeit gegenüber Spezialisten und Berühmtheiten aus: Spezialisten wie den Nobelpreisträgern oder – was die offiziell anerkannten Werte angeht – Königen, politischen oder finanziellen Machthabern wie Stalin, Mao, Franco.

Auf dem Sektor der Gastronomie sind es die berühmtesten Menüs von Maxim's, La Tour d'Argent, Lasserre sowie vom Bahnhofsrestaurant in Lyon. Sie werden hier von Dali verschwenderisch dargeboten und ausgeschmückt.

»Die königlichen Eroberungen des Gaumens« initiieren also, wenn sie der Geist filtert und kontrolliert.

Eine gastronomische Philosophie

»Die Kiefer meines Geistes sind in ewiger Bewegung.«

»Das vornehmste philosophische Instrument des Menschen ist die Wahrnehmung des Wirklichen durch die Kiefer.«

»Jede Art von Nahrung verbinde ich im Allgemeinen mit wesentlich ästhetischen und moralischen Werten.«

Eine mit Stolz erstellte gastronomische Ethik

»Man kann das Essen unterlassen, aber schlecht essen kann man nicht.«

Eine gastronomische Ästhetik,

deren scheinbar paradoxe, in Wahrheit aber streng logische Definition man jetzt versteht:

»Was die hohe Kunst der Küche angeht, so gehört sie nicht zu meiner ursprünglichen Natur, sondern zu meiner tiefen, ornamentalen, aufgepfropften Natur, die das Genie zu seiner Entfaltung in jenen kalten Höhenzonen des reinen Ästhetizismus benötigt.«

»Die schlanke Anatomie einer nackten Bekassine auf der Platte reicht, so möchte man meinen, an die vollkommenen Proportionen der Raffaeliten heran.«

Eine gastronomische Theologie

Letztlich ist diese asketische Suche nach den Werten ein Aufstieg des Geistes: ein »Aufstieg zum Karmel« in gastronomischer Manier, wobei das sinnlich und viszeral »Gefühlt-Erlebte« zur Alchemie des Eßbaren wird und der tyrannische Zwang eines »inquisitorischen Rituals« alles sublimiert und transzendiert: das Profane hin zum Sakralen, das Ereignis hin zur Zeremonie, den Prozeß der Nahrungsaufnahme, Verdauung, Aneignung, hin zur Liturgie-Transsubstantiation-Kommunion und Messe, die »auf«, »durch« und »in« eben jenem fleischlichen Leib Dalis feierlich zelebriert wird, so daß er selbst sich vollständig verwandelt: in einen Priester, Offizianten, die Hostie, den Altar und schließlich die Ecclesia, Corpus gloriae, den lebendigen Gott.

Dali selbst analysiert mit gewohntem Scharfsinn alle Augenblicke jener »spirituellen Exerzitien«, die zur gastronomischen Mystik gehören.

»Der sinnliche Verstand, den ich im heiligen Tabernakel meines Gaumens trage, rät mir, auf die Nahrung große Aufmerksamkeit zu verwenden.«

Denn: »Extreme Präsenz ist Geistesgegenwart, und Geistesgegenwart ist Freude.«

»In meinem Alltagsleben wird jede Geste zum Ritual. Die Anchovis, die ich kaue, haben in irgendeiner Weise teil an dem Feuer, das mich erleuchtet. In mir wohnt ein Genius. Das zwingt mich, diese Wohnung sorgsam zu pflegen, und so unterwerfe ich mich dem Zwang, so gehorche ich freudig dieser ›Heiligen Inquisition‹.«

Die hier veröffentlichten Rezepte offenbaren das Ziel, die letzte Finalität dieser gastronomischen Theologie:

»Diese Rezepte festigen uns gastronomisch in dem sublimen Fundamentalgesetz unserer katholisch-apostolischen römischen Religion: Den lebendigen Gott in sich aufnehmen, wie es im Heiligen Abendmahl praktiziert wird.«

Paris, am 18. Juli 1973
P. Roumeguère

Wir möchten Sie von vornherein warnen: Die »Gala-Diners« sind in Bild und Wort einzig den Freuden des Gaumens gewidmet. Daher werden Sie hier auch keine Diättabellen finden.
Tafeln, an denen die Chemie statt der Gastronomie Platz genommen hat, möchten wir übergehen. Sollten Sie ein Jünger jener Kalorienwieger und -wäger sein, die die Freuden des Mahles in Strafen verwandeln, so schließen Sie dieses Buch sofort: Es ist viel zu lebendig, viel zu aggressiv und viel zu herausfordernd für Sie.

1 *Fürstliche Torheiten*

Jemand hat einmal geschrieben, Abschied nehmen bedeute stets auch »ein wenig sterben«. Dali sagt, essen – besonders gastronomische Gerichte essen – bedeute stets »über alle Maßen sterben«. Und am besten erläutert hat das jenes Genie, das uns heutzutage allmählich in Erstaunen versetzt, nämlich Theophrastus Bombastus Paracelsus von Hohenheim, der die Verdauung als einen Verbrennungsprozeß in Richtung Tod auffaßte.

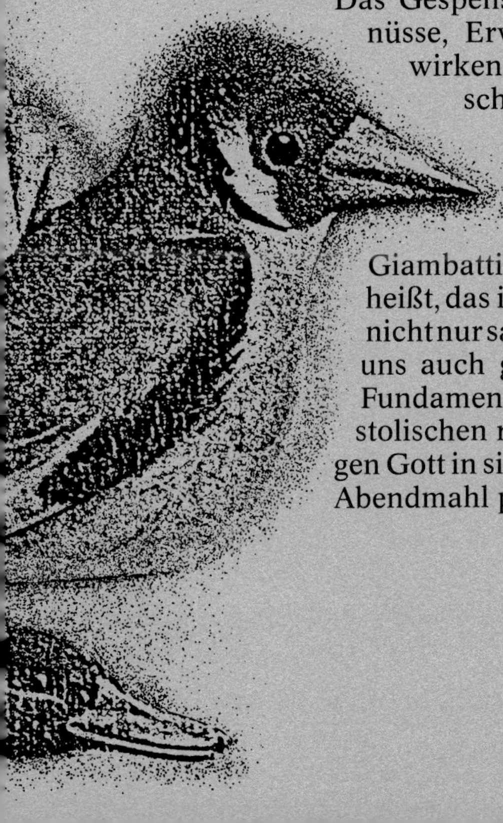

Das Gespenst des Todes schafft höchste Genüsse, Erwartungen, die speicheltreibend wirken, weshalb das größte gastronomische Raffinement denn auch darin besteht, »gekochte und zugleich lebendige« Wesen zu verspeisen, wie es das Rezept jenes Neapolitaners katalanischer Herkunft, Giambattista Della Porta (1535 bis 1615) verheißt, das ich Ihnen später mitteile. Es bietet nicht nur sado-masochistische Lust, es festigt uns auch gastronomisch in dem sublimen Fundamentalgesetz unserer katholisch-apostolischen römischen Religion: Den lebendigen Gott in sich aufnehmen, wie es im Heiligen Abendmahl praktiziert wird.

1

1 Packung Blätterteig aus der Tiefkühltruhe oder: 300 g Mehl
1 Ei
100 g Schweineschmalz
1 Kaffeelöffel Curry
8 Eßlöffel Wasser
1 Eßlöffel Öl
1 kg Porree
250 g magerer Speck
3 petits-suisses
6 Eßlöffel frische Sahne, 2 Eier
2 Kaffeelöffel Curry

1

Porree-Torte Oase

Zuerst wird der Porree längs aufgeschnitten, mehrmals gewaschen und in Stücke zerteilt. Die schönste Stange wird für die Garnierung aufbewahrt. Der in kleine Stücke geschnittene Speck wird in einem Eßlöffel Öl langsam ausgebraten und die Porreestangen dazugegeben. Alles zusammen muß lange und langsam dünsten. Das Gemüse verliert dabei sein Wasser, schrumpft und bekommt den richtigen Geschmack. Nach einer bis anderthalb Stunden kann man es vom Feuer nehmen.
Für den Teig zerläßt man das Schweineschmalz mit Curry und Salz in Wasser und mischt es zusammen mit dem Ei unter das Mehl. Den Teig ruhen lassen.
Den geschnittenen Porree schüttet man in eine Schüssel und gibt die »petits suisses«, die Sahne, die Eier und Curry dazu. Salzen und mit frischgemahlenem Pfeffer würzen.
Der Teig wird gleichmäßig in einer Tortenform verteilt, die Porreemischung daraufgegeben und 30 Minuten bei starker Hitze im Ofen gebacken.
Vor dem Servieren setzt man die aufbewahrte Porreestange in die Mitte. Wenn man die Spitze ausfranst, ähnelt sie dem Blattwerk einer Palme.

3 Eßlöffel Öl, 3 Schalotten
21/2 Tassen Wasser
1 Tasse Reis, Cayennepfeffer
1 Hähnchen (etwa 1000 g)
150 g Piniennüsse
1 halbgesalzener Käse
1 Scheibe entrindetes Weißbrot
1/2 Glas Feigenschnaps, 1 Eßlöffel Honig
1 Eßlöffel Essig
4 Schalotten, 1 Glas Wasser
200 g feingemahlene Mandeln
1 Eßlöffel Olivenöl, 150 g Piniennüsse

2

Hähnchen aus den Tropen

Die feingehackten Schalotten werden in 1 Eßlöffel Öl gedünstet, bis sie glasig sind. Dann wird das Wasser und, sobald es kocht, der Reis dazugegeben.
Salzen und mit Cayennepfeffer würzen. Der Reis ist gar, wenn das Wasser vollständig verdunstet ist. Dann werden die Piniennüsse, der Käse und das zuvor in Feigenschnaps geweichte Weißbrot unter ständigem Rühren hinzugefügt. Mit dieser Masse wird das Hähnchen gefüllt und zugenäht.
In einer Kasserolle werden die Schalotten in 2 Eßlöffeln Öl goldgelb gedünstet, dann kommen der Honig, Essig, Wasser, Salz und Pfeffer dazu. Zuletzt setzt man das Hähnchen hinein. Mit geschlossenem Deckel wird alles zusammen sacht gekocht. Nach einer halben Stunde gibt man die feingemahlenen Mandeln dazu. Wird die Soße zu dick, kann sie mit Wasser und Feigenschnaps geglättet werden. Noch eine gute halbe Stunde kochen lassen, das Hähnchen herausnehmen, die Piniennüsse und das Olivenöl in die Kasserolle geben und noch einmal kurz aufkochen lassen.

3 Zuckerwürfel
1 Glas Essig
1 Hammelschulter
Wasser
3 Möhren
4 Zwiebeln
4 Gewürznelken
1 Würfel Hühnerbrühe
2 Avocados
1 Hammelhirn

3

Lammschulter nach Art eines Paschas

In einem Schmortopf, den man später auch in den Ofen schieben kann, lassen Sie die leicht angefeuchteten Zuckerwürfel zergehen und zu Karamel werden, den Sie dann mit einem Glas Essig begießen. Dann wird das Fleisch hineingelegt und mit so viel Wasser begossen, daß es fast bedeckt ist. Nun die in Scheiben geschnittenen Möhren, die geviertelten Zwiebeln, die zerstoßenen Gewürznelken und einen Würfel Hühnerbrühe beifügen und mit Salz und frischgemahlenem Pfeffer würzen. 5 Stunden bei schwacher Mittelhitze im Ofen schmoren lassen.
Danach nehmen Sie das Fleisch heraus, lassen das Gemüse abtropfen und schöpfen das Fett von der Soße, denn sie ist sehr fett und bedarf vor dem Servieren dieser Vorbehandlung. (Man kann das Fleisch auch schon am Tag vorher zubereiten, die Soße in ein Gefäß geben, im Kühlschrank aufbewahren und am nächsten Tag die Fettschicht, die sich an der Oberfläche gebildet hat, abheben.) Die entfettete Soße wieder aufs Feuer stellen und das Gemüse, die zerkleinerten Avocados sowie das gründlich gereinigte Hirn dazugeben. 10 Minuten sanft kochen lassen und pochieren, dann durch ein Sieb rühren. Die Soße reicht man in der Sauciere, das Fleisch wird mit dem Löffel gegessen, denn es ist angenehm weich.

MENU

CRÈME RENAISSANCE

CONSOMMÉ A LA RÉGENCE

MIGNARDISES A LA NANTUA

SUPRÊMES DE BARBUE AU CHAMBERTIN

CARRÉ D'AGNEAU A LA CHATELAINE

MÉDAILLONS DE FOIE GRAS MONSELET

CANARD DE ROUEN AU VIN D'OPORTO

NEIGE AU CHAMPAGNE

SPOOMS AU CHERRY BRANDY

POULARDES DE LA FLÈCHE TRUFFÉES

CAILLES A LA SOUWAROFF

SALADE RACHEL

PETITS POIS A LA FRANÇAISE

CHAMPIGNONS DE ROSÉE A LA PARISIENNE

BISCUIT GLACÉ A LA D'ESTRÉE

PETITS PALMIERS

DEVAMBEZ GRAVEUR

12 Seezungenfilets
1 fettreicher Fisch (z.B. Makrele)
4 Zwiebeln, 1 Eßlöffel Mehl
3 Eßlöffel Olivenöl, 1/2 l Wasser
1 Würfel Hühnerbrühe, 1 Eßlöffel Tomatenmark
2 rote Pfefferschoten, 1 Eßlöffel Essig
1 Dessertlöffel Curry
200 g Botarga (oder ein anderer roter Kaviar)
1/2 Glas weißer Rum, 12 Zahnstocher

4

Seezungenröllchen nach Art der Inseln

Am besten bitten Sie Ihren Fischhändler, die Seezungenfilets fertigzumachen, Köpfe und Gräten aber aufzubewahren. Die Filets werden zusammengerollt mit Zahnstochern festgehalten. Die gehackten Zwiebeln lassen Sie in 1 Eßlöffel Olivenöl goldgelb werden, nehmen sie dann heraus, geben noch 2 Eßlöffel Olivenöl dazu und bräunen darin das Mehl. Seien Sie geduldig: Es muß ganz dunkelbraun wie eine Kastanie werden. Anschließend wird das Wasser dazugegossen, die gebratenen Zwiebeln, der Bouillonwürfel, Tomatenmark, die Seezungenköpfe und -gräten und der in Streifen geschnittene, fette Fisch hinzugefügt. Man rührt bis zum Aufkochen, salzt und zerdrückt dann darin die roten Pfefferschoten. Eine Stunde auf kleiner Flamme kochen lassen. Auf der Oberfläche bildet sich eine Kruste, die Sie entfernen, um die Soße bekömmlicher zu machen. Dann wird sie gut durchgerührt, bis der Saft vollständig ausgedrückt ist.

Lassen Sie die Filets 15 Minuten in dieser Soße garen, geben vorher aber Essig und Curry zu.

In einem Schälchen die Botarga (oder einen anderen roten Kaviar) in Rum zerstoßen. Wenn Sie die Filets aus der Soße genommen haben, wird sie mit der Botarga verrührt und nach kurzem Aufkochen über die Filets gegossen.

6 Portionsstücke junge Pute
6 Scheiben Landschinken
2 Knoblauchzehen, 1 Bund Petersilie
1 Eßlöffel Schweineschmalz, 2 große Zwiebeln
1 Glas trockener Weißwein
1/2 Glas Tequila
1 Eßlöffel Tomatenmark
Chili oder Cayennepfeffer
Maisplätzchen:
200 g Maismehl, 1 l Wasser
2 Eßlöffel Mehl, 3 Eßlöffel Öl
50 g Schokolade

5

Mexikanische Babyputen

Verteilen Sie gehackten Knoblauch und die von den Stielen befreite Petersilie gleichmäßig auf den Schinkenscheiben. In die Mitte jeweils ein Stück Putenfleisch legen, einrollen und mit Bindfaden zusammenhalten.

In einem Schmortopf zerläßt man das Schweineschmalz, läßt die kleingeschnittene Zwiebel darin goldgelb werden, setzt die Putenportionen hinein, bräunt vorsichtig rundum und löscht mit Weißwein, Tequila und Tomatenmark. Ideal, wenn Sie den pikanten Geschmack noch mit Chili beleben, sonst nehmen Sie Cayennepfeffer. Mit Salz wegen des Schinkens sparsam umgehen. 1 1/2 Stunden auf kleiner Flamme kochen lassen. Inzwischen das Maismehl zügig in kochendes Salzwasser schütten und etwa 20 Minuten mit dem Holzlöffel rühren. Der Mais quillt, wird dick und gar. Der Maisbrei wird zum Auskühlen auf einer Tischplatte ausgebreitet. Wenn man ihn anfassen kann, wird er mit Mehl bestäubt und 1 cm dick ausgerollt. Mit einem Glas stechen Sie kleine Plätzchen aus und geben sie in das heiße Öl, bis sie goldgelb und knusprig sind.
Eine Viertelstunde vor dem Servieren wird die Schokolade zu den Putenröllchen gegeben.
Die Maisplätzchen werden dazu gereicht.
Nicht vergessen, den Bindfaden von den Puten zu entfernen!

1 großer Goldbrassen
2 Scheiben entrindetes Weißbrot
2 Eßlöffel Milch
4 Eßlöffel Erdnußbutter
Cayennepfeffer
1 Glas Wasser
1 Glas trockener Weißwein
2 Lorbeerblätter
1 Glas Rum
2 Eßlöffel Sahne
65 bis 100 g Erdnüsse ohne Schale

6 Tafel Seite 31

Afrikanischer Goldbrassen

Sie haben den Goldbrassen entweder selbst ausgenommen, gewaschen und die Schuppen entfernt oder – besser noch – Sie haben dies vom Fischhändler machen lassen.
Das Weißbrot wird in Milch geweicht und, ohne es auszudrücken, mit 2 Eßlöffeln Erdnußbutter, Salz und reichlich Cayennepfeffer vermischt. Mit dieser Masse wird dann der Fisch gefüllt und zugenäht.
In eine Pfanne wird das Wasser und der Wein gegossen, vorsichtig gesalzen, zwei Lorbeerblätter hinzugegeben und der Goldbrassen hineingelegt. Bei guter Mittelhitze garen lassen; zwischendurch den Fisch einmal wenden. Nach etwa 30 Minuten den Fisch herausnehmen und warmstellen.
Die Pfanne mit dem Sud stellen Sie auf eine Herdplatte und gießen das Glas Rum dazu. Den Boden mit einem Löffel sorgfältig abschaben, mit 2 Eßlöffeln Erdnußbutter andicken und mit Rahm glattrühren. Die Soße über dem Fisch anrichten, die Erdnüsse darüberstreuen und auftragen.

1 Eßlöffel Olivenöl
6 dicke Steaks
2 kg Zwiebeln
200 g magerer Speck
1 Würfel Hühnerbrühe
4 Eßlöffel Pastis
3 Glas Wasser
1 rote Pfefferschote
1 Tasse Reis
etwas Wasser
150 g abgezogene Mandeln

7 Tafel Seite 31

Orientalische Karbonade

In einem für den Ofen geeigneten Schmortopf wird der feingeschnittene magere Speck ausgelassen. Dann die Steaks dazugeben. Wenn sie eine schöne Bratenfarbe angenommen haben, die Zwiebeln zugeben und langsam dünsten lassen. Dann kommen Wasser, Pastis, der Würfel Hühnerbrühe und die zerstoßene rote Pfefferschote dazu. Aufkochen lassen und eventuell nachsalzen.
Der Topf wird jetzt zugedeckt und bei guter Mittelhitze 4 Stunden in den Backofen geschoben.
Danach nehmen Sie das Fleisch heraus, passieren das Gemüse und bewahren den Saft in einer Schüssel im Kühlschrank auf, damit Sie ihn später mühelos entfetten können. Am nächsten Tag wird das Fleisch in ein wenig Soße gelegt und heiß gemacht. Inzwischen den Reis in einem Eßlöffel des abgeschöpften Soßenfettes goldgelb dünsten und dann die übrige Soße und das nötige Wasser zugeben.
Für die hier angegebene Menge Reis brauchen Sie 2 1/2 Tassen Flüssigkeit.
Die Zwiebeln hinzufügen, wenn der Reis fast gar ist und, wenn der Topf schon vom Feuer genommen ist, die Mandeln. Sehr heiß servieren.

6

7

2 Herbstliche Kannibalismen

Dem Krebs des Paracelsus sollte man abgehackte Köpfe oder Rumpfstücke junger Märtyrer in heißem Blut beigeben, und das als Huldigung an Gilles de Rais, dessen erquicklichste Ejakulationen beim Anblick jener Hinscheidenden zustande kamen, der noch bartlosen und unschuldigen Enthaupteten, die man einzig mit der jungfräulichen Reinheit ihrer Waffengefährtin, der Jungfrau von Orléans, vergleichen konnte.

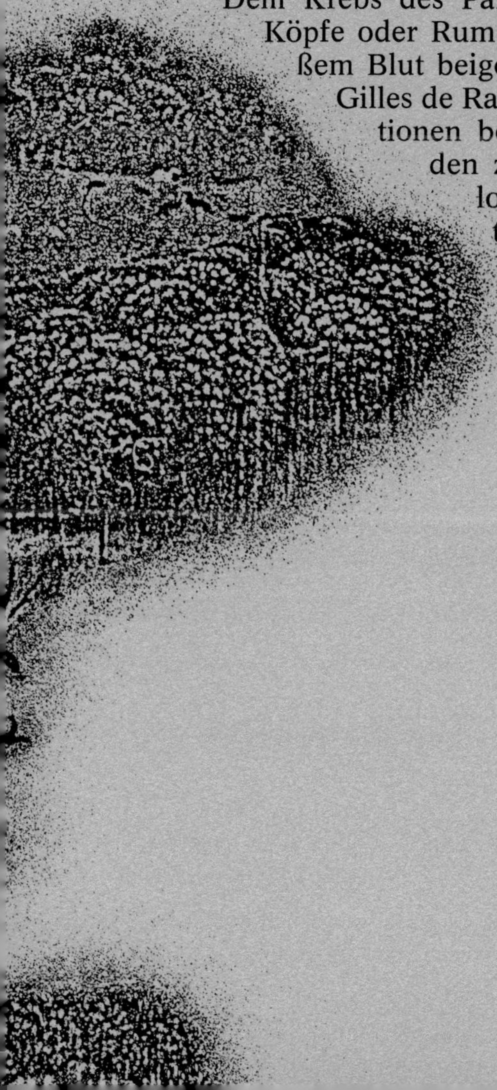

1971

1 kg Krebse
2 l Wasser
Cayennepfeffer
2 Eßlöffel Paprika
Safran
500 g Kalbshack
etwa 125 g Reis
4 Eidotter

8

Kraftbrühe von Krebsen

In einen großen Topf füllen Sie 2 l Wasser und geben Salz, Pfeffer, Paprika, Safran, Kalbshack und Reis dazu. Wenn die Bouillon fertig ist, werden die zuvor in Salzwasser gekochten Krebse im Mörser zu einem Brei zerstampft, den Sie nach und nach in die Brühe gießen und 45 Minuten kochen lassen.

Nach dieser Zeit passieren Sie die Bouillon durch ein Sieb, pressen allen Saft gut aus und stellen sie dann wieder aufs Feuer. Unter ständigem Rühren werden die Eidotter hineingegeben, ohne kochen zu lassen.

Zu dieser Kraftbrühe reichen Sie dünne, mit Knoblauch eingeriebene Toastscheiben.

2 Eßlöffel Olivenöl
2 große Zwiebeln
Hühnerklein von 3 Hühnern
oder 1/2 Hühnchen
1 l Wasser
1 l Weißwein
2 Eßlöffel Zucker
1 kg weiße Rüben
12 Eier
6 Scheiben Landbrot
3 Eier
300 g geriebener Gruyère

9

Bouillon mit Ei

Das Olivenöl lassen Sie in einem großen Topf heiß und die Zwiebeln darin goldgelb werden. Darin braten Sie dann das Hühnerklein an und geben Wasser und Wein dazu. Zusammen mit Zucker, weißen Rüben, Salz und Pfeffer eine Stunde kochen lassen. Inzwischen pochiert man 12 Eier in kochendem Salzwasser (10 Minuten). Wenn sie abgeschält sind, trennen Sie die Eidotter von dem Eiweiß, zerdrücken sie mit der Gabel und verrühren sie mit ein wenig Bouillon. Die Eiweiß werden ganz fein gehackt.

Wenn die Bouillon fertig ist, wird das Gemüse passiert und die Eidotter sowie das von Knochen befreite Hühnerfleisch in die Bouillon gegeben. Aus dem geriebenen Gruyère und den 3 Eiern bereiten Sie eine Paste, die auf die Brotscheiben gestrichen und 10 Minuten bei starker Hitze im Ofen überbacken wird.

Vor dem Servieren die gehackten Eiweiß über die Bouillon streuen.

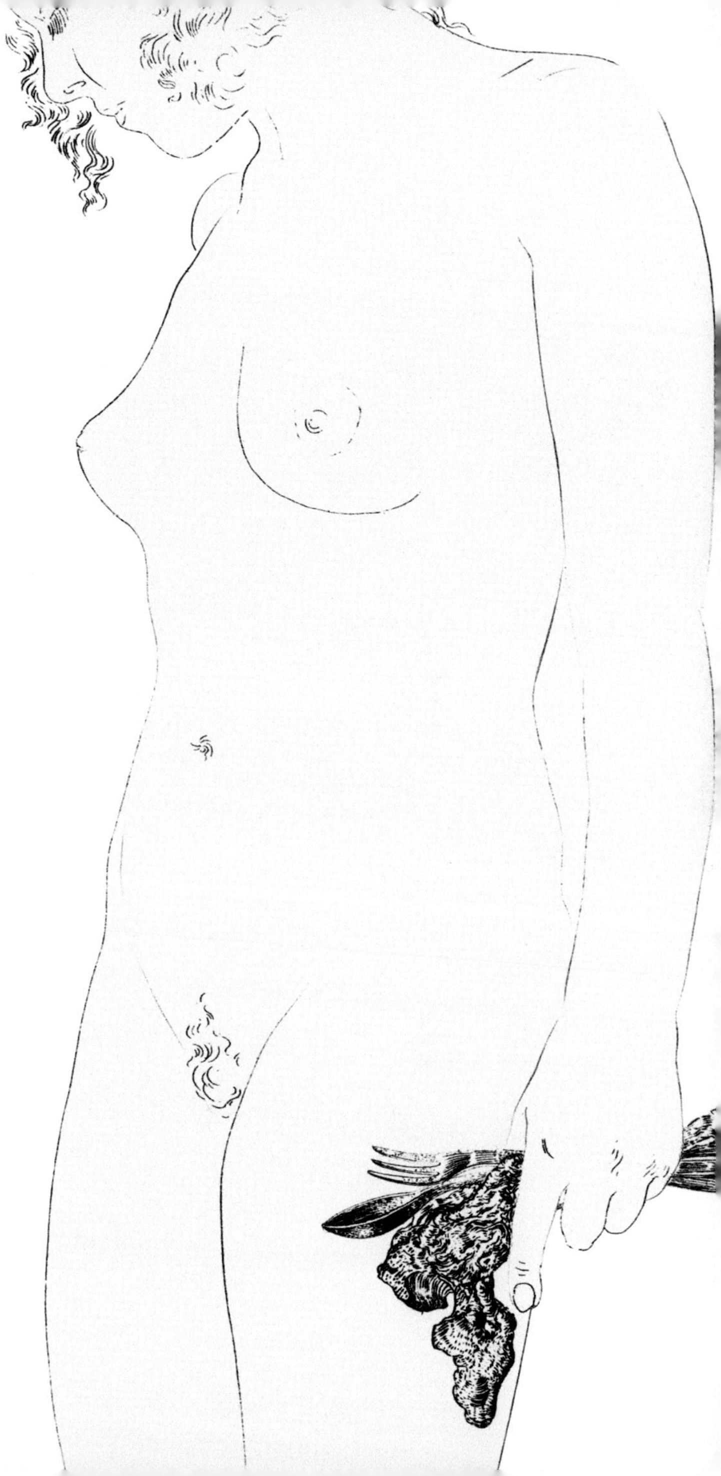

300 g Langustenschwänze
6 Eidotter, Saft einer Zitrone
1 Knoblauchzehe, 1/4 l Milch
150 g frische Sahne
6 Biskuits, bereitet aus:
200 g Mehl
2 Eßlöffel Butter
2 Eßlöffel Olivenöl
2 Eidotter
1 Eßlöffel Wasser
6 Knoblauchwürstchen

10

Langusten-Parfait

In einer Kasserolle mischen Sie Milch, Sahne und die 6 Eidotter, stellen sie aufs Feuer und lassen diese Mischung sämig werden. Vorsicht, denn sie darf nicht kochen. Sie verwenden am besten einen hölzernen Kochlöffel. Wenn Sie mit dem Finger darüberstreichen und in der daran haftenden Creme eine Spur sichtbar bleibt, ist es Zeit, den Topf vom Feuer zu nehmen. Jetzt werden der Knoblauch sowie die zu Brei gestampften Langusten, der Zitronensaft, Salz und Pfeffer dazugegeben und gut verrührt. Sie stellen den Topf nun in das Gefrierfach des Kühlschranks. Alle 15 Minuten muß die Masse umgerührt werden, damit die sich bildenden Eiskristalle gleich zerstoßen werden. In der Zwischenzeit bereiten Sie die Biskuits zu. In einer Schüssel werden Mehl, Öl, Eier und Wasser verrührt und mit Salz und frisch gemahlenem Pfeffer kräftig gewürzt. Nach und nach geben Sie nun die in der Hand weichgeknetete Butter dazu. Den Teig etwas ruhen lassen, dann ausrollen und die Würstchen so darauf verteilen, daß man sie eines nach dem anderen einrollen kann. 20 Minuten bei starker Hitze im Ofen backen.
Die heißen Biskuits werden zur gefrorenen Langustencreme gereicht, die am besten in ebenfalls »vereisten« Schalen serviert wird.

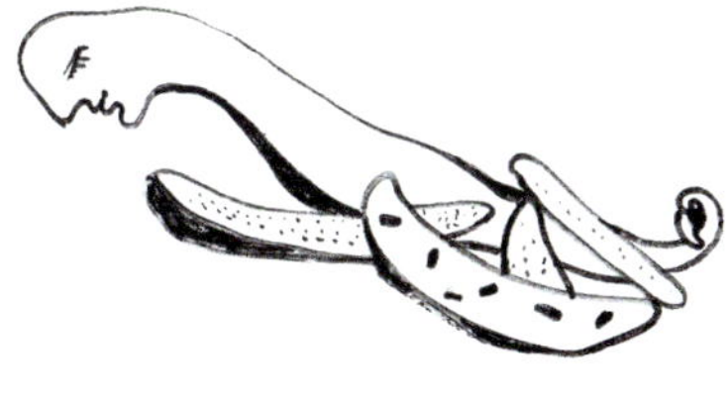

Landpapilloten:

6 Kartoffeln
4 Joghurts
8 Eßlöffel frische Sahne
6 Stiele Petersilie
1 Knoblauchzehe
Cayennepfeffer
2 Kaffeelöffel Paprika

Meerespapilloten:

6 Wittlinge
200 g Butter
2 Eßlöffel geriebenes Weißbrot
1 kleine rote Rübe
1/2 Zitrone
2 Knoblauchzehen
2 Schalotten

wird. Salzen und pfeffern, die Wittlinge füllen und in geölte Alufolie wickeln.
Die Landpapilloten und die Meerespapilloten werden nebeneinander auf einem Backblech in den Ofen geschoben und garen 15 Minuten bei starker Hitze. Die Papilloten servieren Sie unausgewickelt – als Überraschung. Die restliche Joghurtsoße wird in einer Sauciere dazugereicht.

11

Papilloten zur Fastenzeit

Zuerst bereiten wir die Landpapilloten zu. Jede Kartoffel wird sorgfältig gewaschen, in geölte Alufolie gewickelt und 30 Minuten bei starker Hitze im Ofen gebacken.
In der Zwischenzeit mischen Sie in einer Schüssel den Joghurt mit der Sahne, der gehackten Petersilie, der zerstoßenen Knoblauchzehe, Salz, Paprika und Cayennepfeffer. Die fertigen Kartoffeln werden gepellt und ausgehöhlt. Die dabei anfallenden Reste der Kartoffeln vermischen Sie mit der Hälfte der Joghurtsoße, füllen diese Farce in die ausgehöhlten Kartoffeln und wickeln sie wieder ein.
Die Fische – von Schuppen befreit, ausgenommen und gewaschen – werden ebenfalls gefüllt, indem Butter und geriebenes Weißbrot mit der in kleine Stücke geschnittenen Zitrone, dem zerstoßenen Knoblauch, der feingehackten Schalotte und der gekochten, dann zu Brei verrührten roten Rübe verknetet

12

Austern à la Brolatti

Wählen Sie 9 schöne Austern aus Marsennes oder Belon aus. Wenn Sie sie öffnen, um das Fleisch herauszulösen, fangen Sie das Wasser auf und pochieren darin das Fleisch. Dann abtropfen lassen und beschneiden.
Lassen Sie eine feingehackte Schalotte in Butter zerfallen, geben die zerhackten Austernabfälle dazu und löschen mit 2 Eßlöffeln trockenem Weißwein und dem Austernwasser ab. Einkochen lassen und mit dem Schneebesen Butter darunterschlagen.
Die leeren Schalen werden gesäubert, im Ofen erhitzt und mit dem eingekochten Sud gefüllt. Dann legen Sie ein zuvor in Butter geschwenktes Stück Austernfleisch hinein und beträufeln es mit Nußbutter. Sehr heiß servieren.

REZEPT VON LA TOUR D'ARGENT

★ ★ ★

12

2 Sellerieknollen
6 Kartoffeln
2 Zwiebeln
2 Glas Wasser
4 Eßlöffel frische Sahne
Muskatnuß
6 Eier
200 g geriebener Gruyère

13

Sellerie gratiniert

Beim Einkauf sollten Sie die Sellerieknollen stets in der Hand wiegen; sie müssen schwer sein, sonst sind sie hohl. Nachdem sie geschält und geschnitten sind, geben Sie sie zu den Kartoffeln und Zwiebeln in einen Topf, geben Wasser, Salz und Pfeffer dazu und lassen dies 20 Minuten kochen. Zum Schluß ist nur noch ganz wenig Wasser im Topf; Sie müssen deshalb aufpassen, daß nichts anbrennt.

Das Gemüse wird durch ein Sieb passiert, mit der frischen Sahne vermischt und mit Muskatnuß abgeschmeckt. Dieses Püree gießen Sie auf ein Blech und drücken in die Oberfläche 6 Vertiefungen, die so groß sein müssen, daß Sie jeweils ein Ei hineinschlagen können. Seien Sie dabei vorsichtig, denn das Eidotter darf nicht zerlaufen. Leicht salzen und mit geriebenem Gruyère bestreuen.

Das Blech wird in den Ofen geschoben und bei starker Hitze etwa 10 Minuten gratiniert. Die Eier bleiben flaumweich und schmecken, mit dem Püree vermischt, ganz köstlich.

36 große Miesmuscheln
trockener Weißwein
3 Knoblauchzehen
1 Prise Fenchel
1 Prise Safran
1 Tasse Reis
1 Glas roter Kaviar
6 Eßlöffel frische Sahne

14

Miesmuscheln surprise

Wenn Ihr Fischhändler besonders große Muscheln anbietet, freuen Sie sich, denn jetzt können Sie ein amüsantes und wohlschmeckendes Mahl bereiten.

Sie öffnen die Muscheln, ohne den Schließmuskel zu zerstören, halten sie dabei aber über einen Teller, um das Wasser aufzufangen. Liegen die Muscheln flach geöffnet auf dem Tisch, beginnen Sie mit der Füllung.

Man braucht 21/2 Tassen Flüssigkeit, um den Reis zu kochen. Messen Sie das aus den Muscheln aufgefangene Wasser ab, füllen das Fehlende mit Weißwein auf und geben den fein zerstoßenen Knoblauch, Fenchel, Safran, Salz und Pfeffer dazu. Wenn die Flüssigkeit aufkocht, schütten Sie zügig den Reis hinein. Sobald er gar ist, wird er vom Feuer genommen und die Sahne und der rote Kaviar dazugegeben.

Damit werden die Muscheln gefüllt und dann mit einem Bindfaden wieder geschlossen. Auf einem Blech werden sie in der Mitte des Ofens bei guter Mittelhitze etwa 20 Minuten gebacken, dabei dehnt sich die Füllung sehr aus.

Mit der Messerspitze schneiden Sie die Bindfäden durch, und die Gäste staunen, wenn sie sehen, wie sich die Muscheln – gleichsam überrascht – von selbst öffnen. Gestatten Sie Ihren Gästen, die Muscheln gleich aus der Hand zu schlürfen.

14

3 Große Köstlichkeiten aus Winzigem

Hier haben Sie die Supergelatine, das Lasche, Superweiche, Zähflüssige, das Gericht, das es verdient, im Gedächtnis behalten zu werden, fähig, Ihren herrschaftlichen Magen scheinheilig wie ein echter Chinese zu täuschen.

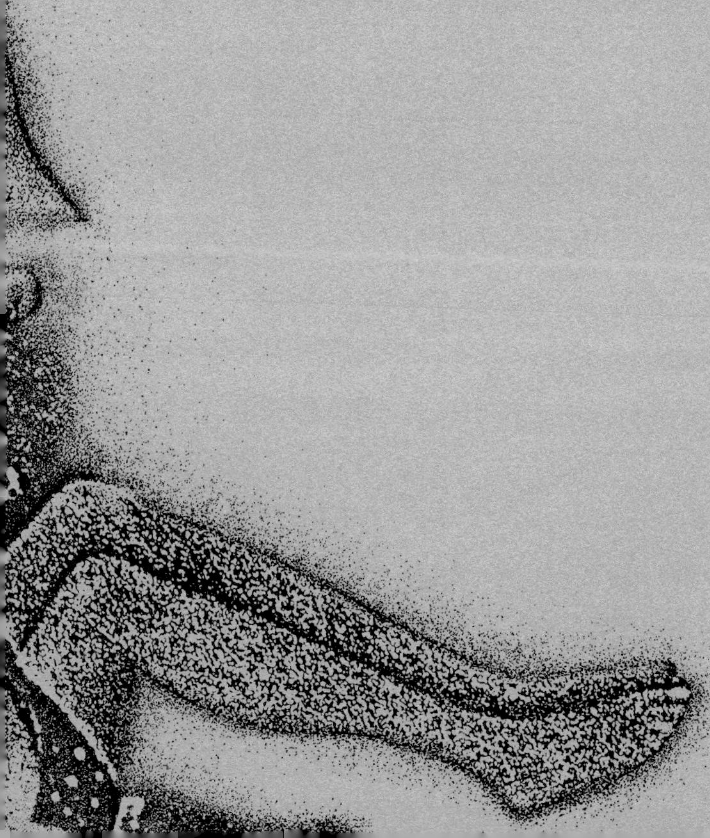

1971

1 kg Kalbsleber
12 Eier
1 Eßlöffel alter Branntwein
2 Eßlöffel Senf
250 g Butter
1 Ei

15

Kalbsleber in Rührei

Die Leber wird durch ein Sieb gerührt, in einer Schüssel mit den Eiern vermischt und der Branntwein und der Senf dazugegeben. Um ein gutes Rührei zu bereiten, brauchen Sie vor allem eine schwere Metallpfanne, die die Wärme besser verteilt. Auf mittlere Flamme stellen und mit einem Holzlöffel ständig rühren, damit die Masse ganz allmählich stockt und keine Klümpchen bildet. Geben Sie ab und zu Butterflöckchen auf die langsam stockende Masse, die sich dann mit den Eiern vermischen. Das Rührei muß, solange es noch geschmeidig und saftig ist, vom Feuer genommen werden. Dabei noch einen Augenblick weiterrühren.
Sollte die Masse doch einmal zu fest und trocken werden, geben Sie ein rohes Ei dazu und verrühren es, ohne die Pfanne nochmals aufs Feuer zu stellen.

1 Paket tiefgefrorener Blätterteig
1 Eßlöffel Senf
1 Eßlöffel Milch
2 Kalbsnieren
1 Cognac
Saft einer halben Zitrone
1 oder 2 Eßlöffel Senf
1 Ei
1 Eßlöffel Maizena
150 g Butter

16

Kalbsnieren

Die Nieren in feine Scheiben schneiden, zusammen mit Cognac, Zitronensaft, Senf, Salz, frisch gemahlenem Pfeffer in eine Schüssel geben und eine Stunde durchziehen lassen.
Der Blätterteig wird noch mit frisch gemahlenem Pfeffer bestreut, 1 cm dick ausgerollt und auf ein mit Alufolie verkleidetes Backblech gelegt. Mit einer Messerspitze eine schöne große Niere in den Teig formen, deren Ränder so hochgezogen werden, daß Sie später die fertigen Nieren darin anrichten können. Der Boden wird mit einer Gabel mehrfach angestochen, mit grobkörnigem Salz bestreut und 15 Minuten bei starker Hitze im Ofen gebacken. Jetzt nehmen Sie die Riesenniere heraus, kratzen das grobkörnige Salz ab, bestreichen den Boden mit in Milch verrührtem Senf, schieben ihn noch einmal 5 Minuten in den Ofen und richten dann die Nierenscheiben darauf an.
Zu der Marinade gibt man das Ei, das zuvor angerührte Maizena, die zerlassene, aber nicht gebräunte Butter, rührt kräftig mit dem Schneebesen und würzt eventuell nach. Diese Soße gießen Sie über die Nieren und überbacken sie bei schwacher Mittelhitze etwa 20 Minuten.

1 kg Sauerkraut
1 Eßlöffel Schweineschmalz
1 kleine Knoblauchwurst
6 Beefsteaks
2 Zwiebeln
2 Knoblauchzehen
1 l Bier oder mehr
3 Gewürznelken
6 Kartoffeln
1 Eßlöffel Mehl
1/2 Glas Kirschwasser
1 Dessertlöffel Puderzucker

17

Sauerkraut nach Art von Vater Hans

Sie kaufen rohes Sauerkraut, spülen es ausgiebig und pressen es gut aus, um alle Flüssigkeit zu entfernen. In einem Schmortopf werden die Beefsteaks in einem Eßlöffel Schweineschmalz angebraten. Wenn sie schön goldbraun sind, nehmen Sie sie heraus und geben die feingehackte Zwiebel und den zerstoßenen Knoblauch hinein. Wenn sie glasig sind, wird das Bier darübergegossen und das Sauerkraut, die zerstoßenen Gewürznelken, Salz, Pfeffer und die Beefsteaks hineingegeben.
Der Topf wird zugedeckt und bei guter Mittelhitze vier Stunden in den Ofen gestellt. Nach zwei Stunden muß man anfangen, den Stand des Saftes zu beobachten. Wenn er zu sehr einkocht, genügt es, etwas Bier zuzusetzen. Eine halbe Stunde vor Schluß des Kochvorgangs geben Sie noch die Wurst und die Kartoffeln dazu. Vor dem Servieren werden die Beefsteaks, die Wurstscheiben und die Kartoffeln am Rand der Platte angeordnet und warmgestellt. Zu dem Sauerkraut geben Sie nun noch das Mehl und den in Kirschwasser aufgelösten Zucker und lassen unter Rühren aufkochen, bis die Soße sämig wird. Dann in die Mitte der Platte gießen und servieren.

BANQUET

offert à Monsieur Emile Loubet

PRÉSIDENT DE LA RÉPUBLIQUE

par le Conseil Général des Alpes-Maritimes

Nice, le 9 Avril 1901

Menu

Huitres { d'Ostende / de Marennes

Œufs brouillés Périgourdine

Truite saumonée en gelée à la Vatel, sauce Algérienne

Timbale de Ris de Veau financière

Contre filet de Bœuf garni aux petits pois frais

Mousseline de jambon Lucullus

Poularde du Mans à la broche

Asperges du pays à l'Cural

Coupe de fruits et fraises rafraichis à la Présidence

Dessert

Corbeilles de primeurs – Pièces montées en pâtisserie

Café

G^de fine Bisquit Dubouché 1826 – Curaçao suprême de Nice

Kumel doré Cusenier

VINS

Haut Sauternes

Château Merle Blanc

Fleury vieux sur table

Ch. Lafitte 1887 étampé

Chambertin 1885

Champagne {
L. Rœderer dry 1893
Montebello G^d Crémant
George Goulet extra dry 1889
Ayala extra dry
E. Irroy Drapeau (goût américain)
}

18

Rezept für 2 Personen

18

Mesclagne »Mutter Irma«

Von einem 1,5 kg schweren Hühnchen lösen Sie die beiden Keulen und entfernen Flügelspitze, Haut, Filet mignon und Knochen. Beide Flügel schön glatt klopfen, so daß Sie ganz dünne Schnitzel herausschneiden können, die gesalzen und gepfeffert werden. Aus einer rohen Gänseleber ebenfalls zwei Schnitzel von jeweils etwa 100 g herausschneiden, mit Salz und Pfeffer bestreuen, in Mehl wälzen und in geklärter Butter schwenken. Wenn die Leber zu zwei Drittel gebraten ist, nimmt man sie von der Pfanne, stellt sie 20 Minuten kalt und hebt das Bratenfett auf.
Sie legen jeweils ein Leberschnitzel in die Mitte eines Hühnerschnitzels und hüllen damit die Gänseleber ganz ein.
Jetzt haben Sie ein »Mesclagne«, das Sie mit dem Bratenfett bestreichen, in frisches Weißbrot (ohne Rinde) einrollen und in einer Schmorpfanne in geklärter Butter von jeder Seite etwa 5-6 Minuten braten. Die »Mesclagnes« müssen gegessen werden, solange sie noch heiß und saftig sind, denn sie werden schnell hart. Auf einer Schicht Morcheln in Sahne werden sie angerichtet.

REZEPT VON LASSERRE

★ ★ ★

1 Rinderhirn
1 l Wasser
2 Eßlöffel Butter
10 Möhren, 2 Zwiebeln
1 Bund Petersilie
4 Eßlöffel Essig
1/2 l Milch
Worcestersoße
4 Eßlöffel Mehl
2 Eßlöffel Butter
2 Eidotter
12 Scheiben Speck

19

Rinderhirn in Speck

Zuerst müssen Sie das Hirn unter kaltem Wasser spülen, dann die Haut entfernen und es gründlich durchspülen, um alles Blut zu entfernen; zuletzt muß es ganz weiß sein.
In einem Liter Wasser werden die in feine Scheiben geschnittenen Möhren, die gehackten Zwiebeln, die mit der Schere zerschnittene Petersilie, Butter, Essig, Salz und Pfeffer zum Kochen gebracht. Das Hirn muß genau im Augenblick des Aufkochens dazugegeben werden, dann wird es fest. Nach 25 Minuten nehmen Sie es heraus, lassen das Gemüse aber weiterkochen, bis die Flüssigkeit völlig verdunstet ist und das Gemüse in der Butter zu schmoren beginnt. Die Flamme wird dann auf die kleinstmögliche Stufe gestellt. 10 Minuten schmoren lassen.
Schneiden Sie das Hirn nun in fingerdicke Scheiben und legen sie in die mit 2 Eßlöffeln Worcestersoße vermischte Milch. Möglichst mehrere Stunden durchziehen lassen.
Auf einer Pfanne werden dann die Speckscheiben in Butter gebraten, herausgenommen und die in Mehl gewälzten Hirnscheiben hineingelegt. Langsam braten und goldgelb werden lassen.
Ein Eßlöffel Mehl wird in der Milch verrührt und über die Möhren gegossen. Rühren Sie bis zum Aufkochen, nehmen sie dann vom Feuer und geben die Eidotter dazu, ohne nochmals kochen zu lassen. Die Hirnschnitzel werden zusammen mit dem Speck serviert, die Möhren in einer Gemüseschüssel dazu gereicht.

Das Brot: 600 g Leber, 1 Eßlöffel Butter
6 Zwiebeln, 3 Knoblauchzehen
1/2 kg Spinat (gekocht und abgetropft)
300 g Butter, 6 Eigelb, 2 Eßlöffel Mehl
6 Eßlöffel Paniermehl

Die Soße: 1 Eßlöffel Butter
6 Schalotten, 3 Eßlöffel Essig
1 Eßlöffel Mehl, 1/2 l Wasser
1 Würfel Hühnerbrühe
die Schale einer Orange
2 Eßlöffel frische Sahne
3 Eßlöffel Kapern

20

Kalbsleberbrot

Dieses Rezept ist sehr bequem, da man das Brot schon am Vortag zubereiten kann.

In einer Kasserolle lassen Sie die feingehackten Zwiebeln goldgelb werden und passieren sie dann zusammen mit der Leber, den Knoblauchzehen und dem Spinat durch ein Sieb. In einer im Wasserbad stehenden Schüssel zergeht die Butter, Sie fügen die Eidotter hinzu, schlagen dabei kräftig mit dem Schneebesen, geben anschließend Mehl, Paniermehl und die Leber dazu, salzen und streuen frisch gemahlenen Pfeffer darüber. Diese Masse wird in eine Form gegossen, die zuvor gebuttert und mit Paniermehl bestreut wurde. 45 Minuten bei guter Mittelhitze im Wasserbad in den Ofen stellen.

Um die Soße zu bereiten, lassen Sie die Schalotten in Butter goldgelb werden und löschen mit Essig, der bei starkem Kochen völlig verdunstet. Jetzt lassen Sie einen Eßlöffel Mehl braun werden, gießen Wasser darüber, geben den Würfel Hühnerbrühe sowie die Orangenschale dazu. 15 Minuten kochen lassen und, sobald der Topf vom Feuer genommen ist, 2 Eßlöffel frische Sahne und 3 Eßlöffel Kapern unterrühren. Die heiße Sauce wird zu dem kalten Brot gereicht. Vergessen Sie aber nicht, die Orangenschalen vor dem Servieren zu entfernen.

1 kg Hammelkeule
200 g fette Speckstiftchen
1 l Rotwein, 2 Kalbsfüße
3 Eßlöffel Olivenöl
3 Knoblauchzehen
2 Zwiebeln, 4 Möhren
2 Lorbeerblätter
3 Prisen Thymian
2 Gewürznelken
etwas Speckschwarte
1 Landbrot

21

Schmorbrot

Schneiden Sie die Hammelkeule in Stücke, bohren Sie mit einem spitzen Messer in jedes Stück ein Löchlein und geben den fetten Speck hinein. Die so gespickten Fleischstücke legen Sie nun zu den, Kalbsfüßen, den in Scheiben geschnittenen Möhren, den feingehackten Zwiebeln und Knoblauch in eine Schüssel und fügen noch Thymian, Lorbeerblatt, zerstoßene Gewürznelken, Öl und Wein hinzu. Nehmen Sie einen guten, vollen Wein, am besten einen Côtes du Rhône. Lassen Sie diese Mischung, nachdem Sie sie gesalzen und gepfeffert haben, 24 Stunden ruhen.

Boden und Seitenwände eines in den Ofen passenden Schmortopfes werden mit der Speckschwarte eingerieben und mit der Mischung gefüllt. Verschließen Sie den Deckel mit Hilfe von 2 in etwas Wasser aufgelösten Eßlöffeln Mehl ganz fest und stellen ihn 4 Stunden bei guter Mittelhitze in den Ofen.

Wenn man den Topf aus dem Ofen nimmt, muß die Soße erst einmal entfettet werden. Diese Arbeit erleichtern Sie sich, indem Sie die Fleischstücke abtropfen lassen und den Saft in einer Schüssel in den Kühlschrank stellen. An der Oberfläche bildet sich eine Fettschicht, die Sie mühelos abheben können. Danach lassen Sie den fest gewordenen Bratensaft leicht schmelzen und schneiden die Kalbsfüße in Stücke.

Die obere Kruste des Landbrotes wird nun entfernt und in der Mitte ausgehöhlt, so daß darin die Fleischstücke, das Gemüse und die Soße Platz haben. Zuerst legen Sie die Fleischstücke hinein und gießen dann die Soße, die wieder Konsistenz gewonnen hat, über das Fleisch, bis das Brot gefüllt ist. Die Kruste wird wieder daraufgesetzt.

Jetzt brauchen Sie nur noch Scheiben dieses köstlichen Schmorbrots abzuschneiden.

4 Sodomisierte Zwischengerichte

Ergehen Sie sich ruhig in der Betrachtung von Fossilienfleisch à la Diplodokus. Felsen werden Sie nicht essen dürfen. Indessen erlaube ich Ihnen, am Sonntag zuweilen einmal »Eisschränke« zu verschlingen.

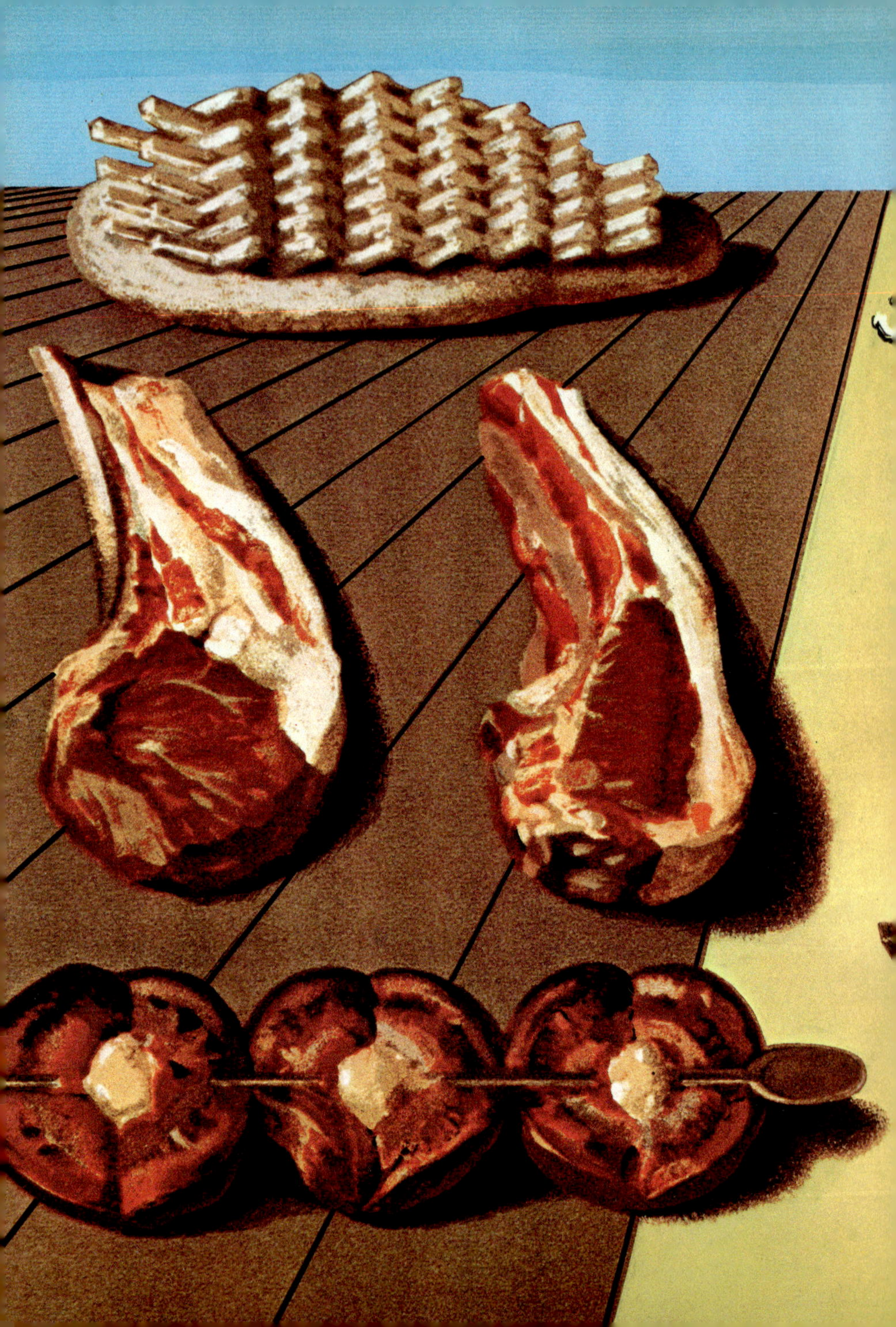

6 scharfe Paprikaschoten
1 Knoblauchzehe
3 Eßlöffel Olivenöl
6 Hammel- oder 12 Lammkoteletts

22

Lammnuß in Paprikaschoten

Von Hammel- und Lammkoteletts pflegt der Feinschmecker im allgemeinen nur das noch blutige Filet zu essen, alles übrige aber läßt er, weil zu fett und infolgedessen nicht lange genug gebraten, zurück. Hier also ein Tip, wie man die Koteletts in zwei Bratstufen servieren kann.
Die Paprikaschoten werden von jeder Seite ein paar Minuten im Ofen gegrillt, um das Säubern zu erleichtern. Jetzt brauchen Sie sie nämlich nur aufzuschneiden und von den Kernen zu befreien. Dann legen Sie sie auf eine Schale, bestreuen sie mit dem feingewiegten Knoblauch, gießen Öl darüber und würzen mit Salz und frisch gemahlenem Pfeffer. 1 bis 2 Tage durchziehen lassen. Ihr Fleischer hat den Kotelettknochen schon entfernt. Sie trennen nun das Filetteil säuberlich heraus und lassen die Teile, wo mageres und fettes Fleisch sich mischen, in einer Pfanne mit einem Eßlöffel Öl aus der Marinade langsam braten, damit das Fett entweicht, das Fleisch Geschmack bekommt und knusprig wird. Das dauert etwa 20 Minuten.
Dann geben Sie noch Salz und Pfeffer dazu, legen das Fleisch in die halbierten Pfefferschoten, verschließen sie mit der anderen Hälfte und lassen sie 10 Minuten bei guter Mittelhitze im Ofen überbacken. Inzwischen braten Sie die Filets von jeder Seite 2 Minuten im Rest der Marinade, die zuvor heiß gemacht wurde, und geben Salz dazu. Die Filets werden zusammen mit den Pfefferschoten serviert.

1 kg Rindfleisch
1 Eßlöffel Schweineschmalz
2 Zwiebeln, 6 Tomaten
1 Dessertlöffel Zucker
5 Eßlöffel Weinessig
2 Eßlöffel Senf
4 Eßlöffel Butter, 1 Eßlöffel Mehl
6 Kartoffeln, 1 Blumenkohl
1/4 l Milch

23

Süß-saurer Rinderbraten

In dem Eßlöffel Schweineschmalz braten Sie das Rindfleisch an, nehmen es dann heraus und geben die feingehackten Zwiebeln hinein. Wenn sie goldgelb werden, das Fleisch, die Tomaten in Achteln und den Zucker dazugeben, salzen und mit frisch gemahlenem Pfeffer würzen; sodann 11/2 Stunden zugedeckt kochen lassen. Danach Essig und Senf dazugeben und noch eine Stunde kochen lassen. Aus den 2 Eßlöffeln Butter und dem Eßlöffel Mehl bereiten Sie inzwischen Mehlbutter, indem Sie beides mit Hilfe einer Gabel mischen. Diese Mehlbutter macht, dem Bratensaft zugesetzt, die Soße sämig, die nach dreimaligem Aufkochen fertig ist. Zu diesem Fleisch reichen Sie am besten ein Spezialpüree:
Lassen Sie Kartoffeln und Blumenkohl 30 Minuten in Salzwasser kochen, gießen das Wasser ab und passieren das Gemüse durch ein Sieb. Wenn Sie mit dem Schneebesen die Milch und die Butter unterrühren, wird das Püree glatt und saftig.

24

Fricandeau à la mode

1 Eßlöffel Butter, 4 Zwiebeln
3 Handvoll Sauerampfer
1 Eßlöffel Mehl, 1 l Wasser
1 kg weiße Bohnen
1 Eßlöffel Paprika
Cayennepfeffer
1 Fricandeau (Kalbsnuß) von 800 g
200 g Speckschnitten

Die gehackten Zwiebeln werden in der Butter goldgelb geröstet, mit dem gewaschenen Sauerampfer vermischt und 5 Minuten unter ständigem Rühren gedünstet. Den Eßlöffel Mehl darüberstreuen, leicht bräunen lassen und mit Wasser ablöschen, die weißen Bohnen dazuschütten und ohne Salz mindestens 2 Stunden kochen lassen. Die Kochzeit hängt von den Bohnen ab, am besten ist, Sie kosten von Zeit zu Zeit. Das Wasser sollte jedenfalls bis auf einen sehr kleinen Rest einkochen.

Das Fricandeau – mindestens 3 cm dick – wird, reichlich mit Speckstückchen gespickt, in einen tiefen Topf gelegt, die kleingeschnittene Zwiebel und die Möhren in Scheiben dazugegeben und gesalzen. Dann gießen Sie Wasser darüber, geben die Hühnerbrühe hinzu und stellen den Topf bei guter Mittelhitze 1 1/2 Stunden in den Ofen.

Das Fricandeau sollte häufig gewendet werden, damit es nicht austrocknet. Wenn es fertig ist, teilen Sie es in 6 Portionen auf und passieren die Bohnen und das mit dem Fricandeau gekochte Gemüse durch ein Sieb. Mit dem Sud wird das Püree glattgerührt.

Auf eine Platte schütten Sie eine dicke Schicht Püree, arrangieren die Fricandeauscheiben darauf und garnieren sie mit dem Rest Püree und bestreuen dies mit Paniermehl beziehungsweise grob zerriebener Brotkruste, setzen Butterflöckchen darauf und lassen dies 15 Minuten bei starker Hitze im Ofen.

MENU

25 DÉCEMBRE 1870

99me JOUR DU SIÈGE

Hors-d'Œuvre :

Beurre, Radis, Tête d'Ane Farcie, Sardines

Potages :

Purée de Haricots rouge aux Croûtons
Consommé d'Éléphant

Entrées :

Goujons frits, Le Chameau rôti à l'anglaise
Le Civet de Kangourou
Côtes d'Ours rôties sauce Poivrade

Rots :

Cuissot de Loup, sauce Chevreuil
Le Chat flanqué de Rats
Salade de Cresson
La Terrine d'Antilope aux truffes
Cèpes à la Bordelaise
Petits-Pois au Beurre

Entremets :

Gâteau de riz aux Confitures

Dessert :

Fromage de Gruyère

VINS

1er Service

Xérès
Latour Blanche 1861
Ch. Palmer 1864

2me Service

Mouton Rothschild 1846
Romanée Conti 1858
Bellenger frappé
Grand Porto 1827

CAFÉ & LIQUEURS

1 Glas Madeira
1 Glas Cognac
4 Knoblauchzehen
3 Gewürznelken
1 Prise Thymian
1 1/2 kg Lammkeule
1/2 Glas Wasser
1 Knolle Knoblauch

25

Lammkeule in Madeira

Am Abend vorher mischen Sie in einer Schale den Madeira mit Cognac, Knoblauch, zerstoßenen Gewürznelken und Thymian, salzen und geben frisch gemahlenen Pfeffer darüber. Am nächsten Morgen filtern Sie diese Mischung durch ein Leintuch und ziehen die Flüssigkeit auf eine Spritze mit dicker Nadel (wie sie der Tierarzt benutzt) und füllen so die Keule, die Sie schon in die Pfanne gelegt haben, in der sie braten soll.
Ein Teil der Flüssigkeit wird aus dem mit köstlichen Düften angefüllten Fleisch gleich wieder entweichen. Das schadet aber nichts, denn er ist Grundlage der Soße. Die Bratzeit des Fleisches hängt ganz vom persönlichen Geschmack ab. Die großen Meister der Kochkunst rechneten im allgemeinen 15 Minuten pro Pfund; allerdings essen wir das Fleisch heute meistens weniger durchgebraten. Ich persönlich benötige nur 8-10 Minuten, wenn der Ofen sehr heiß ist. Wenn Sie über einen Spieß verfügen, braten Sie die Keule am sich drehenden Spieß, sonst in einer Pfanne. Immer reichlich mit Bratensaft begießen.
Inzwischen bringen Sie die auseinandergelösten, aber nicht abgezogenen Knoblauchzehen in Wasser zum Kochen, ziehen dann die Häutchen ab, zerdrücken sie mit einer Gabel und rühren sie unter die Soße, die Sie vor dem Servieren etwas entfetten sollten.

6 Portionen Kaninchenfleisch
6 Portionen Hühner- bzw.
3 Portionen Gänsefleisch
6 kleine Lammkoteletts
6 Scheiben Zunge
2 Knoblauchzehen
1/2 Sträußchen Petersilie
1 Dessertlöffel Ingwer
1 Eßlöffel Tomatenmark
1 Prise Zucker, 1 Prise Thymian
Cayennepfeffer
3 Schalotten
Muskatnuß
2 hartgekochte Eier
1 Eßlöffel Paniermehl
1 Eßlöffel Worcestersoße
1 Eßlöffel Senf
1/2 Eßlöffel Olivenöl
1 Hammelnetz
2 Eßlöffel Butter

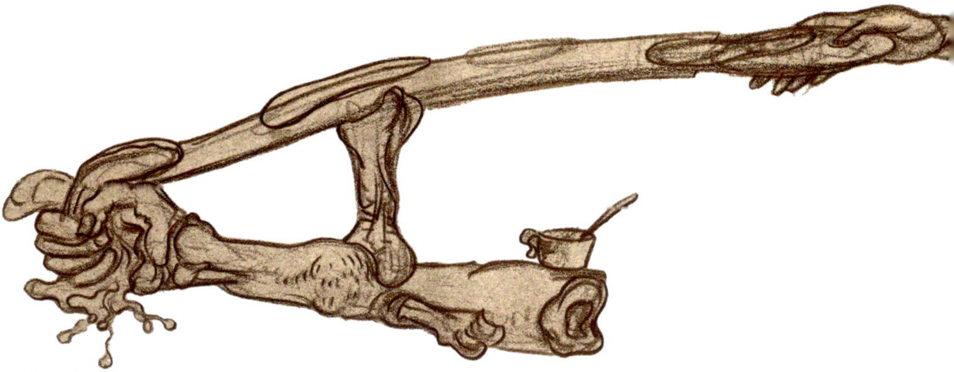

26

Bratengemisch im Hammelnetz

Kaninchen, Hühnchen oder Gans und die Lammkoteletts von den Knochen lösen und salzen. In einer Schale mit lauwarmem Wasser wird unterdessen das Hammelnetz geweicht. Stellen Sie 4 Schalen bereit: In die erste kommt der feingehackte Knoblauch und die mit Ingwer vermischte Petersilie, in die zweite Tomatenmark, Zucker, Thymian und Cayennepfeffer, in der dritten mischen Sie die feingehackten Schalotten, die geriebene Muskatnuß und die zerdrückten Eiweiß mit dem Paniermehl beziehungsweise grob zerriebener Brotkruste, das die Worcestersoße gut absorbiert, und im vierten Schälchen verrühren Sie Senf, Olivenöl und die mit der Gabel zerdrückten Eidotter.

Die Mischungen in diesen Schälchen dienen, in der oben angegebenen Reihenfolge, zum Einreiben des Kaninchens, des Hühnchens bzw. der Gans, des Lammfleisches und der Zunge.
Jedes Fleischstück wird anschließend sorgfältig in das zugeschnittene Hammelnetz gewickelt und geschlossen. Jetzt braten Sie die Fleischstücke etwa 1 Stunde langsam in Butter. Achten Sie darauf, daß die Lösung erst ganz allmählich ansetzt und den rechten Bratengeschmack erzeugt.

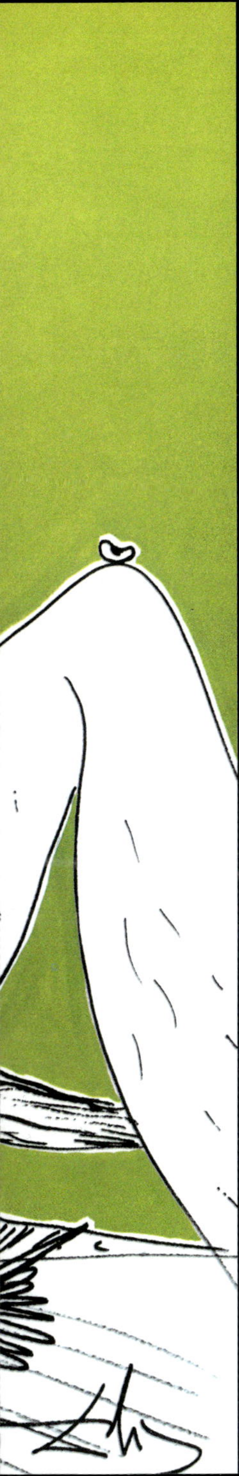

27

28

200 g Maismehl
3/4 l Wasser
1 Eßlöffel Butter
1 kleiner Kopf krauser Salat
100 g Quark
2 Eigelb
2 Eßlöffel grob zerriebene Brotkruste
1 kg Roastbeef
5 Stiele Thymian
2 Lorbeerblätter

27 Tafel Seite 73

Roastbeef mit Maisklößchen

Roastbeef ist ein wahrhaft königliches Mahl, wenn es gut zubereitet wird. Wir werden es daher anders als sonst braten und nicht mit den immer und ewig gereichten Kartoffeln umgeben.

In das kochende Salzwasser wird das Maismehl geschüttet und unter ständigem Rühren gekocht, bis die Mischung ganz schwer und klebrig wird.

In der Butter dünsten Sie den Salat 5-6 Minuten, geben ihn dann zusammen mit dem Quark unter den Mais und würzen, wenn nötig, mit Pfeffer und Salz nach. Aus dieser Masse formen Sie 4 Klöße pro Person und wälzen sie in Eigelb und Paniermehl.

Manche Leute reiben das Roastbeef mit Fett ein. Ich für mein Teil halte es für die beste Art, ein Roastbeef zu braten, wenn es ganz einfach auf die Thymiankräuter und Lorbeerblätter gelegt und bei starker Hitze etwa 10 Minuten – wenn man es halbroh mag – im Ofen gebraten wird. Dann salzen und wenden.

Die Klöße rund um den Braten in die Pfanne legen und nochmals 10 Minuten braten lassen. In der Pfanne auf den Tisch bringen und das Fleisch vor den Gästen aufschneiden.

2 kg Porree
5 Eßlöffel Olivenöl
1 Eßlöffel Butter, 5 Eßlöffel Mehl
3/4 l Milch, 80 g geriebener Gruyère
Muskatnuß, 4 Eier
800 g Hammelhack, 6 Schalotten
300 g Bratwurstteig
1 Sträußchen Petersilie
1 Prise Lorbeerpulver
2 Prisen Thymian
1/2 Glas Weißwein
200 g schwarze Oliven

28 Tafel Seite 73

Hammeltopf mit Porree

Die Porreestangen werden gesäubert, gespalten und gewaschen, in Stücke geschnitten und in einer großen Pfanne in 2 Eßlöffeln Öl gedünstet. Das dauert sehr lange, und Sie müssen sehr vorsichtig sein und gut anderthalb Stunden rechnen, bis die Porrees richtig durchgezogen sind. Dann passiert man sie durch ein Sieb.

Nun bereiten wir eine dickflüssige Béchamelsoße zu: Das Mehl wird in der zerlassenen Butter verrührt; nicht bräunen lassen, sondern gleich mit der Milch ablöschen. Ständig rühren und zuletzt die passierten Porrees und den Käse dazugeben. Muskatnuß darüberreiben und salzen. Dann nehmen Sie den Topf vom Feuer und ziehen die 4 Eidotter und die zu steifem Schnee geschlagenen Eiweiß unter. Diese Masse gießen Sie in eine mit Öl ausgestrichene Kranzkuchenform, die Sie dann bei mittlerer Hitze im Wasserbad eine Stunde in den Ofen stellen. Im restlichen Olivenöl werden die Schalotten angebraten, dann die mit der Gabel zerdrückte Bratwurstmasse und zuletzt das Hammelfleisch dazugegeben. Gut verrühren, aber braten lassen, so daß der Saft am Boden ansetzt. Dann löschen Sie mit Wein und geben Thymian, Lorbeerblatt, Petersilie und durch ein Sieb gerührte Oliven dazu. Zudecken und bei sanfter Hitze eine Stunde kochen lassen. Danach die Porrees aus der Form stürzen und in die Mitte das Fleisch zusammen mit dem Bratensaft geben. 10 Minuten im Grill überbacken, bis das Gericht mit einer glänzenden Schicht überzogen ist.

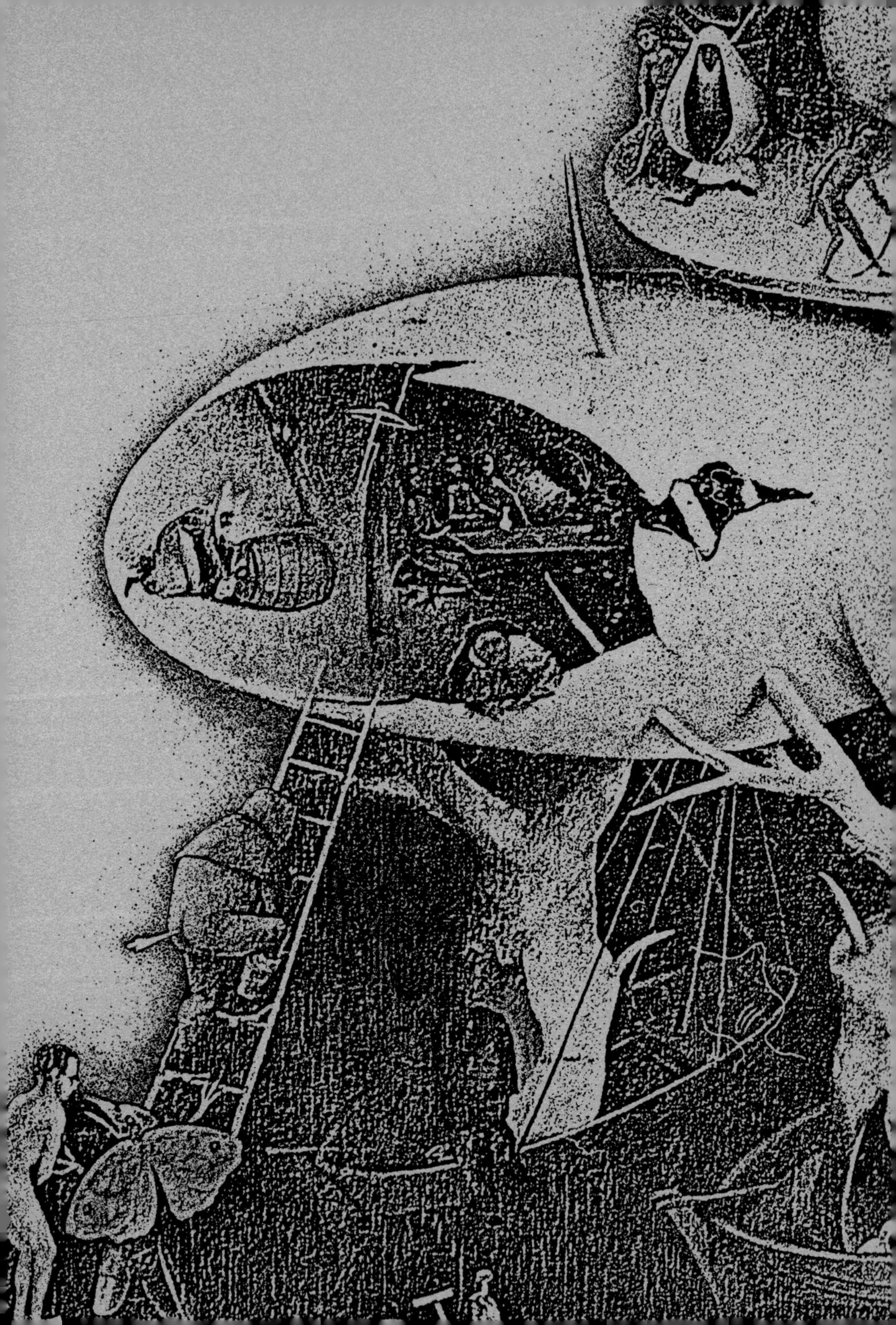

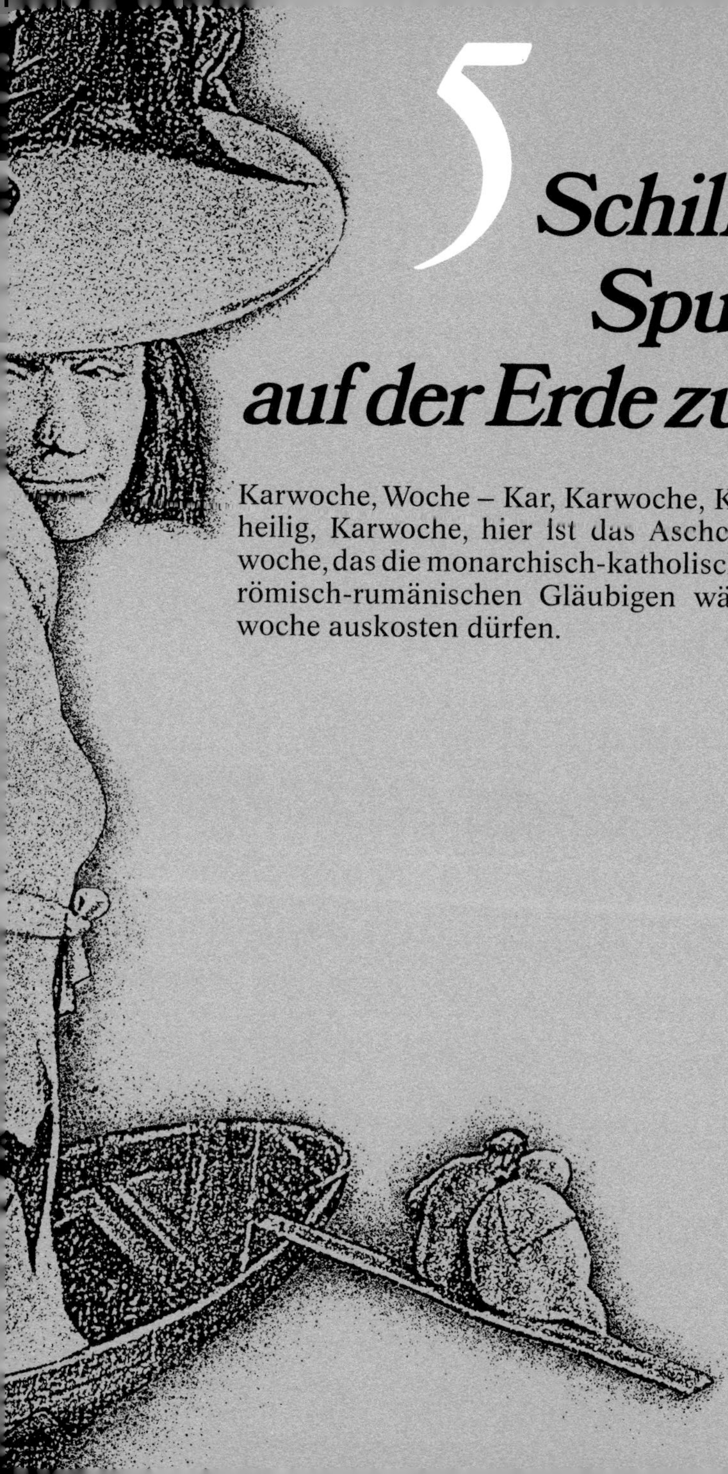

5 Schillernde Sputniks – auf der Erde zu Haus

Karwoche, Woche – Kar, Karwoche, Karwoche, heilig, heilig, Karwoche, hier ist das Aschenhuhn der Karwoche, das die monarchisch-katholisch-apostolischen, römisch-rumänischen Gläubigen während der Karwoche auskosten dürfen.

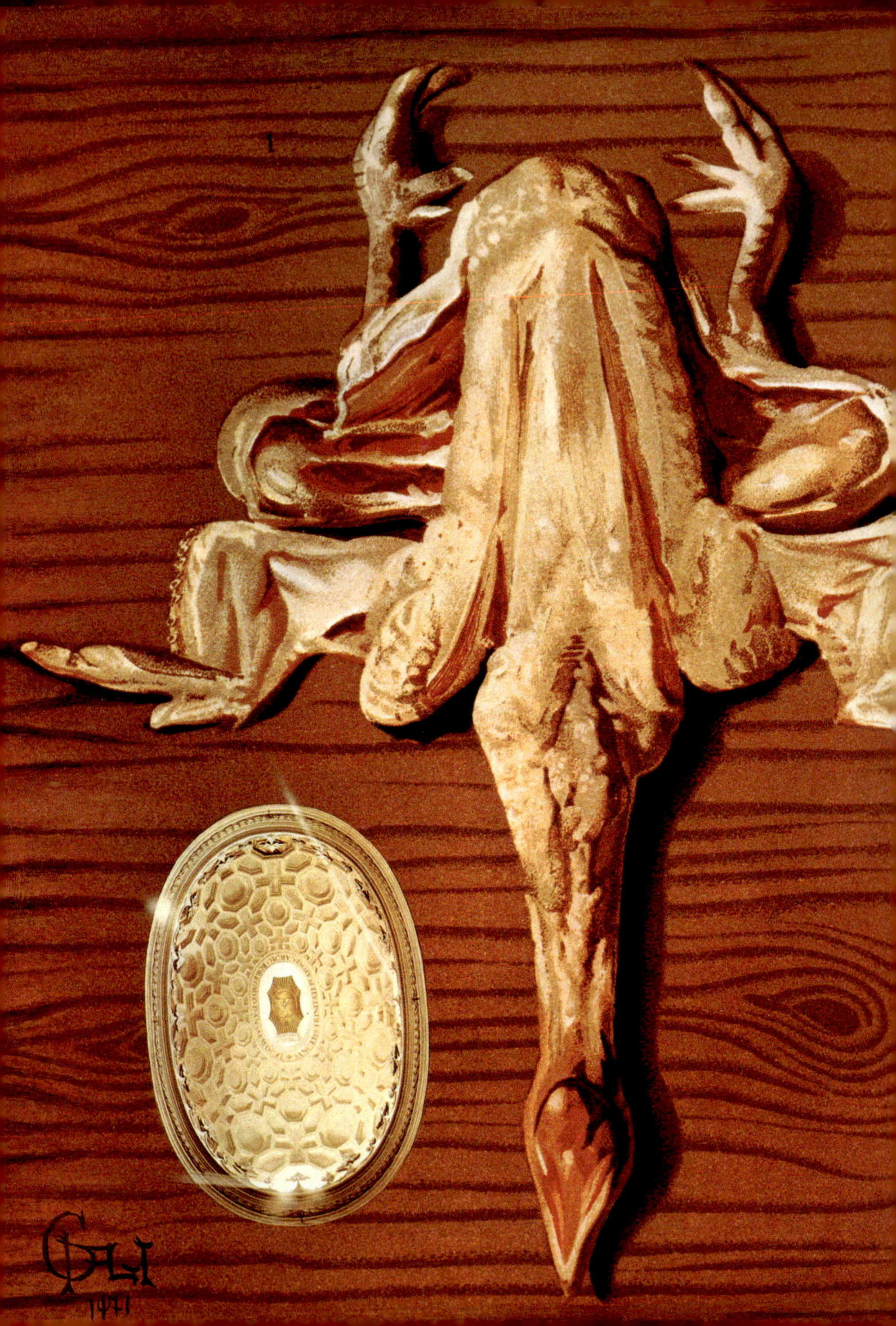
1941

12 Dutzend kleine Weinbergschnecken
1 Handvoll grobes Salz, 1 Glas Essig
1 Handvoll Mehl, 2 l Wasser
2 Eßlöffel Öl, 1 Eßlöffel Mehl
2 Möhren, 1 Zwiebel
5 Stiele Petersilie, 1 Eßlöffel Essig
1 Eßlöffel Tomatenmark, 6 Hammelkoteletts
1 Flasche roter Burgunder
1 Prise Thymian, 1 Prise Rosmarin
1 Lorbeerblatt
1 Scheibe Kalbsleber, 1 Knoblauchzehe

29

Schneckenragoût

Es gibt im Handel Dosen mit fertig zubereiteten Weinbergschnecken, die man für vielerlei Rezepte verwenden kann. Sollten Sie aber frische Weinbergschnekken zur Verfügung haben, behandeln Sie sie folgendermaßen. Das hier angegebene Rezept gilt für alle Gerichte in diesem Kapitel, und wir ersparen uns, immer wieder darauf zurückzukommen.

Es ist ratsam, die Schnecken eine Woche fasten zu lassen, da man nie wissen kann, was sie zuletzt gefressen haben. Entfernen Sie den Kalkverschluß, spülen die Schnecken unter fließendem Wasser ab und legen sie mit Salz, Essig und Mehl in eine Schüssel. Die Schnecken sondern jetzt viel Schleim ab. Von Zeit zu Zeit bewegen, insgesamt aber 9 Stunden im Wasser liegen lassen; dann abermals waschen, um den Schleim ganz zu entfernen. Jetzt bringen Sie 2 l Wasser zum Kochen, geben die Schnecken hinein und lassen sie 8 Minuten im schäumenden Wasser. Danach müssen sie abtropfen und unter kaltem Wasser abgespült werden. Erst jetzt ziehen sie die Schnecken aus den Gehäusen, entfernen das häufig bitter schmeckende schwarze Ende, setzen sie mit je 1/2 l Weißwein und Wasser sowie 2 Möhren, 2 Zwiebeln und Kräutern aufs Feuer und lassen sie 3 Stunden kochen.

Da ich zu Beginn sagte, wir wollten für dieses Rezept kleine Weinbergschnecken verwenden, muß ich nun auch gestehen, daß die Art der Zubereitung für eben diese von nun an eine Besonderheit aufweist.

Wenn Sie die Schnecken für das folgende Gericht 8 Minuten gekocht haben und sie abgeschreckt worden sind, wird mit einem Messer die Spitze der das Haus bildenden Spirale abgeschnitten und so der untere Teil des Weichtieres freigelegt. Die Schnecken waschen, um die kleinen Kalkkrümel herauszuspülen.

Der Eßlöffel Mehl wird in Öl verrührt und so lange gebräunt, bis eine tiefdunkle Färbung erreicht ist. Jetzt geben Sie die kleingeschnittenen Möhren und Zwiebeln sowie die abgezupfte Petersilie dazu. Wenn auch sie sich dunkler färben, mit Essig ablöschen, das Tomatenmark, die Hälfte der Flasche Rotwein und die Hammelkotelettschnitzel hineingeben. Sie behalten nur die Filets von den Koteletts zurück, um sie zusammen mit den Schnecken zu braten. Salzen, pfeffern, den Schaum abschöpfen, 1 Stunde kochen lassen und dann durchsieben.

Zum Schluß gießen Sie den Rest Rotwein dazu, würzen mit Thymian, Rosmarin und Lorbeerblatt und geben jetzt die

Schnecken und Hammelfilets dazu. 3 Stunden kochen lassen und eventuell noch nachwürzen.
Inzwischen hacken Sie die Kalbsleber und die Knoblauchzehe ganz fein. Mit Hilfe eines Schaumlöffels werden die Schnecken und die Hammelkoteletts herausgehoben und auf einer tiefen Platte angerichtet. Die vom Feuer genommene, noch heiße Soße wird mit der Leber und dem Knoblauch angereichert und dann über die Schnecken und das Fleisch gegossen.
Die Schnecken ißt man mit der Hand, indem man sie aus der Schale schlürft, und zwar von der zuvor aufgeschnittenen Spitze des Gehäuses her. Ein köstliches und belustigendes Essen, das Sie Freunden servieren sollten.

6 Dutzend lebende Weinbergschnecken
1 Eßlöffel Butter
2 Eßlöffel Mehl
2 l Milch
2 Köpfe Salat
4 Kartoffeln, 1 Orange
6 Pfefferkörner
6 Scheiben entrindetes Weißbrot
3 Eier
300 g Bratwurstteig
3 Gewürznelken
6 Eßlöffel Mehl

30

Schneckensuppe

Im Gegensatz zu allen anderen Rezepten brauchen Sie für dieses unter allen Umständen lebende Schnecken. Sie waschen und putzen sie wie im Rezept 29 (Schneckenragoût) angegeben, brechen die Gehäuse auf und spülen die Tiere sorgsam, um die an ihnen haftenden Kalkkrümel zu entfernen.

In einem großen Topf zerlassen Sie die Butter, geben das Mehl hinein und löschen, noch bevor es anfängt zu bräunen, mit der Milch ab. Beim ersten Aufkochen werden die Weinbergschnecken hineingegeben und der Schaum abgeschöpft. Nun kommen die zerkleinerten Salatblätter, die in Stücke geschnittenen Kartoffeln, die geschälte Orange (auch die weiße Haut muß sorgfältig entfernt werden) und die Pfefferkörner hinein. Salzen und 3 Stunden auf kleiner Flamme kochen lassen.

Das Weißbrot wird in etwas Kochflüssigkeit eingeweicht, ausgedrückt und dann werden die Eier, der Bratwurstteig und die zerstoßenen Gewürznelken daruntergemischt. Aus diesem Teig formen Sie kleine flache Plätzchen, indem Sie etwa einen Eßlöffel dieser Masse in der Handfläche zerdrücken und ihm eine runde Form geben. Diese Plätzchen geben Sie in die Brühe, in der sie 1 Stunde kochen sollten.

Schon unsere Vorväter wußten um die Heilkraft dieser Suppe und empfahlen sie für den Tag nach einem Fest, wenn der Magen durcheinander und der Kopf schwer ist.

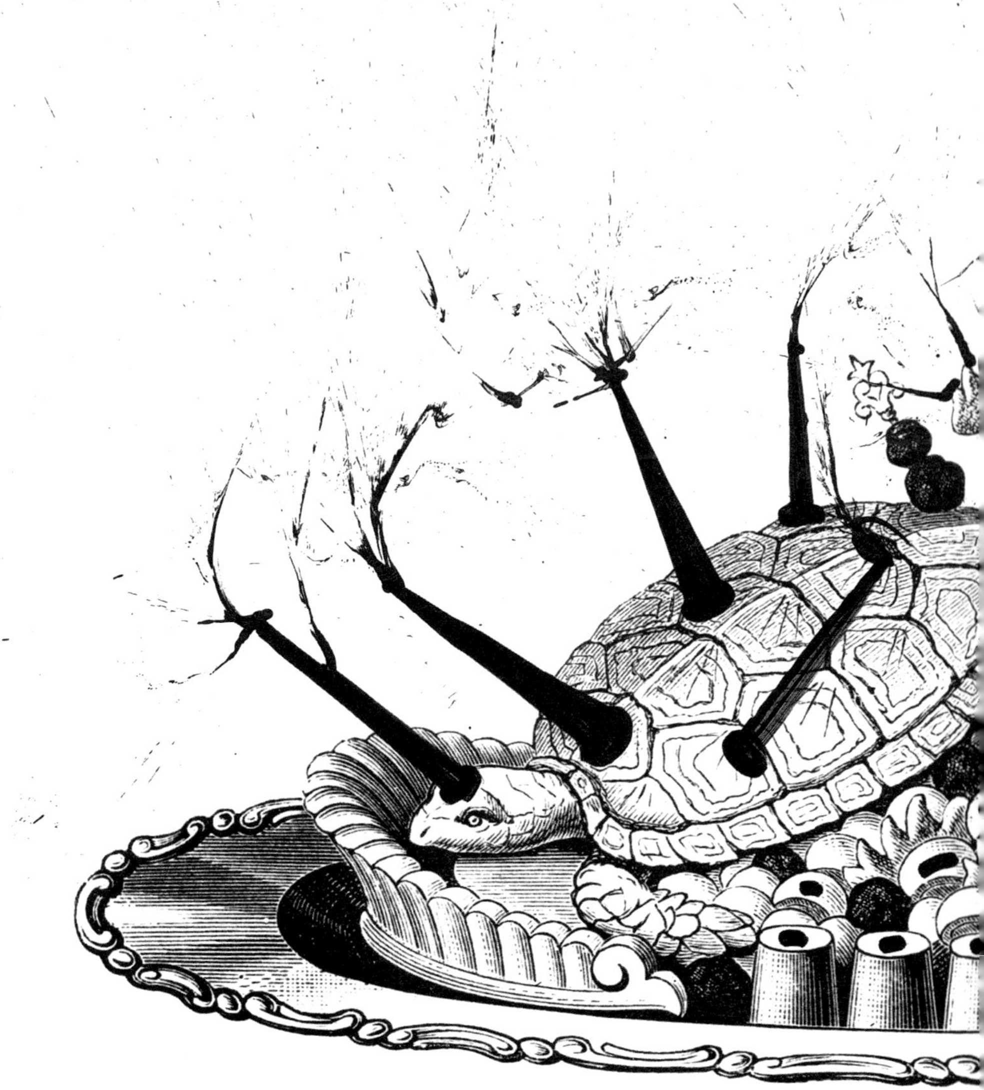

6 Dutzend gekochte Weinbergschnecken
8 Eßlöffel Olivenöl
3 Knoblauchzehen
Saft von 1 Zitrone
3 Scheiben Kalbsleber

250 g Mehl
1 Flasche Bier, 2 Eiweiß
1 Eßlöffel Butter
6 Schalotten, 3 Eidotter
1 Knoblauchzehe
Friteuse mit Öl
6 Eier

31

Saltimbocca aus Weinbergschnecken

In einer Schale richten Sie die Weinbergschnecken und die auf etwa gleiche Größe zugeschnittene Kalbsleber an, beträufeln sie mit Zitronensaft und Öl und geben Knoblauchzehen, Salz und frischgemahlenen Pfeffer dazu. Über Nacht durchziehen lassen. Am nächsten Morgen wird ein Pfannkuchen zubereitet: In einer Schüssel wird das Mehl mit dem Olivenöl der Marinade (der Knoblauch wurde vorher ganz fein zerstoßen), mit 0,2 l Bier, Salz und Pfeffer vermischt. Die ziemlich dünnflüssige Masse muß eine Stunde ruhen.

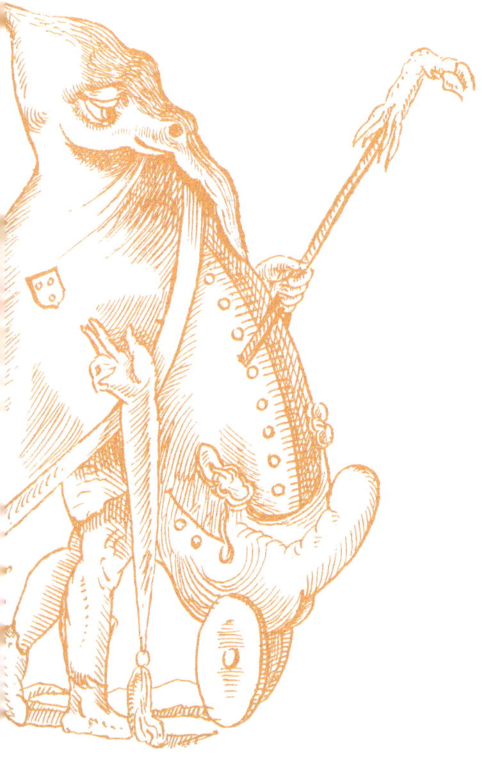

In einer Kasserolle lassen Sie die 6 Schalotten in 1 Eßlöffel Butter goldgelb werden, löschen mit dem Rest Bier, salzen, pfeffern und lassen die Flüssigkeit so lange bei starker Hitze kochen, bis sie etwa zur Hälfte eingekocht ist.

Die Schnecken und Leberstückchen werden immer abwechselnd auf Zahnstocher gesteckt; pro Person etwa 4 solcher Spießchen. Die beiden Eiweiß werden zu steifem Schnee geschlagen und vorsichtig unter die Pfannkuchen gezogen. Jetzt tauchen Sie die Spießchen in den Teig, geben sie in die Friteuse und lassen sie goldgelb werden.

In eine Pfanne gießen Sie den Rest des Öls aus der Marinade und schlagen, wenn es raucht, die Eier hinein. Das Gelbe wird gesalzen und dann mit Hilfe eines Spatels das Weiße darübergeschlagen, gewendet und noch 1 Minute gebraten. Jeweils ein Ei wird in die Tellermitte gesetzt und mit den Spießchen umgeben.

Die Soße vom Feuer nehmen und die Eidotter mit dem feingewiegten Knoblauch daruntermischen. Sämig werden – aber die Soße nicht kochen lassen; dabei müssen Sie ständig rühren. In einer Sauciere servieren.

MENU
Huitres d'Ostende
Hors=d'Oeuvre
Truite saumonée froide sauce verte
Côtelettes de Pré=Salé
aux Pommes frites
Poulardes du Mans à la Sardou
Spoon au Georges Goulet
Faisans flanqués
de Perdreaux aux Truffes
Pâté de Foie gras Grand=Hôtel
Salade à la Parisienne
Gâteau Sarah
Bombe Tosca
Desserts
VINS
Sherry Golden — Chablis=Moutonne
St=Estèphe en Carafes
Chambertin 1884
Champagne de Venoge frappé
Café & Liqueurs
„LA JOURNÉE
SARAH
BERNHARDT"
9
DÉCEMBRE
1896
Mucha
DEVAMBEZ GRAVEUR

Für 100 Schnecken berechnet

32
Weinbergschnecken in Chablis

Die Schnecken werden 2 Stunden in Salzwasser gelegt, um sie vom Schleim zu befreien, dann gut gewaschen, 10 Minuten blanchiert, aus den Gehäusen genommen und noch mehrmals unter fließendem Wasser abgespült.
Jetzt kochen Sie sie in einer halb mit Chablis und Wasser gefüllten Kasserolle mit Salz, Pfeffer, Muskatnuß, 2 Zwiebeln, 1 Möhre, 1 Sträußchen Kräuter und 3 Knoblauchzehen. Nach dem Kochen ungefähr 2 Stunden abkühlen und dann erst abtropfen lassen.
Bevor Sie die Schnecken in die Gehäuse setzen, braten Sie sie ganz kurz mit 60 g feingehackten Schalotten, löschen mit 0,2 l gutem Chablis und stellen den Topf ein paar Minuten beiseite, um den Weingeschmack einziehen zu lassen. Jetzt werden die Schnecken zurück in ihre Gehäuse gesetzt und die Öffnung mit der aus folgenden Zutaten bereiteten Schnekkenbutter verschlossen: 30 g zerstoßener Knoblauch, 15 g Salz, eine Prise Pfeffer, 40 g gehackte Petersilie, 800 g Butter.
Sie ordnen die Schnecken nun mit der verschlossenen Öffnung nach oben in einer Pfanne an, gießen den Chablis dazu und erhitzen ihn bis zum völligen Verdunsten. Eventuell noch eine Minute in den Ofen stellen und sehr heiß servieren.

REZEPT DES BAHNHOFSRESTAURANTS IN LYON

★ ★ ★

32

Dalí

12 Austern
6 Königskrabben mittlerer Größe
1/2 l trockener Weißwein
1 Zwiebel, 2 Gewürznelken
1 Eßlöffel Weinessig
3 zerstoßene Knoblauchzehen
1 Röhrchen Safran
12 schöne Champignons
3 Eßlöffel Paniermehl
4 bis 5 Eidotter
3 Eßlöffel Sahne, 1 Tasse Reis
12 Eßlöffel frische Sahne

33

Königskrabbe mit Champignons

Die Austern öffnen Sie über einem Topf, um das Wasser aufzufangen, und lösen sie aus der Schale. In das aufgefangene Wasser werden der Weißwein, die mit Gewürznelken gespickte Zwiebel, der Essig, zerstoßener Knoblauch, Safran, wenig Salz und viel Pfeffer gegeben. Wenn der Sud kocht, geben Sie die Königskrabben hinein. Da nicht alle zugleich hineinpassen, müssen sie nacheinander gekocht werden. Für 1 kg Krustentiere rechnet man 35 Minuten Kochzeit.
Wenn die Königskrabben fertig sind, nehmen Sie sie mit der einen Hand beim Panzer, mit der anderen bei den Scheren und ziehen kräftig, damit sich der Panzer öffnet und Sie die Krabbe von innen säubern können, um alles Fleisch und den »corail« herauszuholen. 2 1/2 Tassen Sud werden nochmals zum Kochen gebracht, der Reis hineingeschüttet und, wenn er alle Flüssigkeit aufgesogen hat und gar ist, mit dem roten »corail« und dem Fleisch der Königskrabben sowie mit 2 Eidottern, den gehackten Champignonstielen und der Sahne vermischt. Mit dieser Masse füllen Sie die Krabbengehäuse und geben je 2 Austern dazu. Auf jeden Panzer legen Sie wieder die Scheren, so daß die Königskrabben unversehrt aussehen.
Aus dem Paniermehl, den 3 Eidottern und den 3 Eßlöffeln Sahne wird mit Pfeffer und Salz ein Teig zubereitet, mit dem man die Champignonköpfe auf der Unterseite füllt. Die so gefüllten Champignons werden, mit der Füllung nach oben, auf eine für den Ofen geeignete Pfanne gelegt. In eine zweite Pfanne kommen die wieder zusammengesetzten Krabben. Beide Pfannen werden für etwa 10 Minuten unten in den bereits vorgeheizten Ofen gestellt.
Jede Königskrabbe wird mit 2 Champignons serviert. Die Krabbe können Sie mit einem kleinen Löffel essen, aber es ist ratsam, auch einen Nußknacker auf den Tisch zu legen, denn wenn unter Ihren Gästen Feinschmecker sind, sollten Sie ihnen nicht die Freude nehmen, die Krabbenpanzer zu knacken und die Scheren auszusaugen.

6 Schnitzel
3 Schalotten
3 Dutzend Weinbergschnecken
Mark von 2 Knochen
1/2 l roter Burgunder
3 Möhren
4 Schalotten
2 Knoblauchzehen
150 g Butter
1 Eßlöffel Mehl
1 Eßlöffel Cognac

34

Schnitzel mit Schnecken gefüllt

Sie bestellen beim Schlachter 6 dünne, aber breite und schon flachgeklopfte Schnitzel. Sie werden gesalzen, gepfeffert, mit den feingehackten Schalotten bestreut und die Schnecken, mit ein wenig Knochenmark dazwischen, daraufgesetzt. Dann rollen Sie die Schnitzel zusammen und wickeln sie in Alufolie. Denken Sie daran, daß sich bei dieser Art der Zubereitung viel Saft bildet, so daß die Öffnung des Papierverschlusses oben bleiben muß. Bei starker Hitze etwa 15 Minuten im Ofen backen; dabei werden die Schnitzel fest und behalten nun ihre Rouladenform. Sie wickeln sie jetzt aus dem Papier und fangen den darin befindlichen Saft in einer Kasserolle auf.

In den Bratensaft geben Sie den Rotwein, die Möhren, die feingewiegten Schalotten, eine feingewiegte Knoblauchzehe, Salz und Pfeffer und lassen aufkochen. In diesem Moment werden die Schnitzel in die Soße gelegt und 1 Stunde gekocht. Falls die Soße zu dünnflüssig bleibt, nehmen Sie den Deckel ab und lassen sie einkochen.

Die Butter verkneten Sie mit der feinzerdrückten Knoblauchzehe, dem Mehl und Cognac. Die Schnitzel werden auf eine Platte gelegt, die Mehlbutter ganz schnell in der Soße aufgelöst und nach mehrmaligem Aufkochen über das Fleisch gegossen.

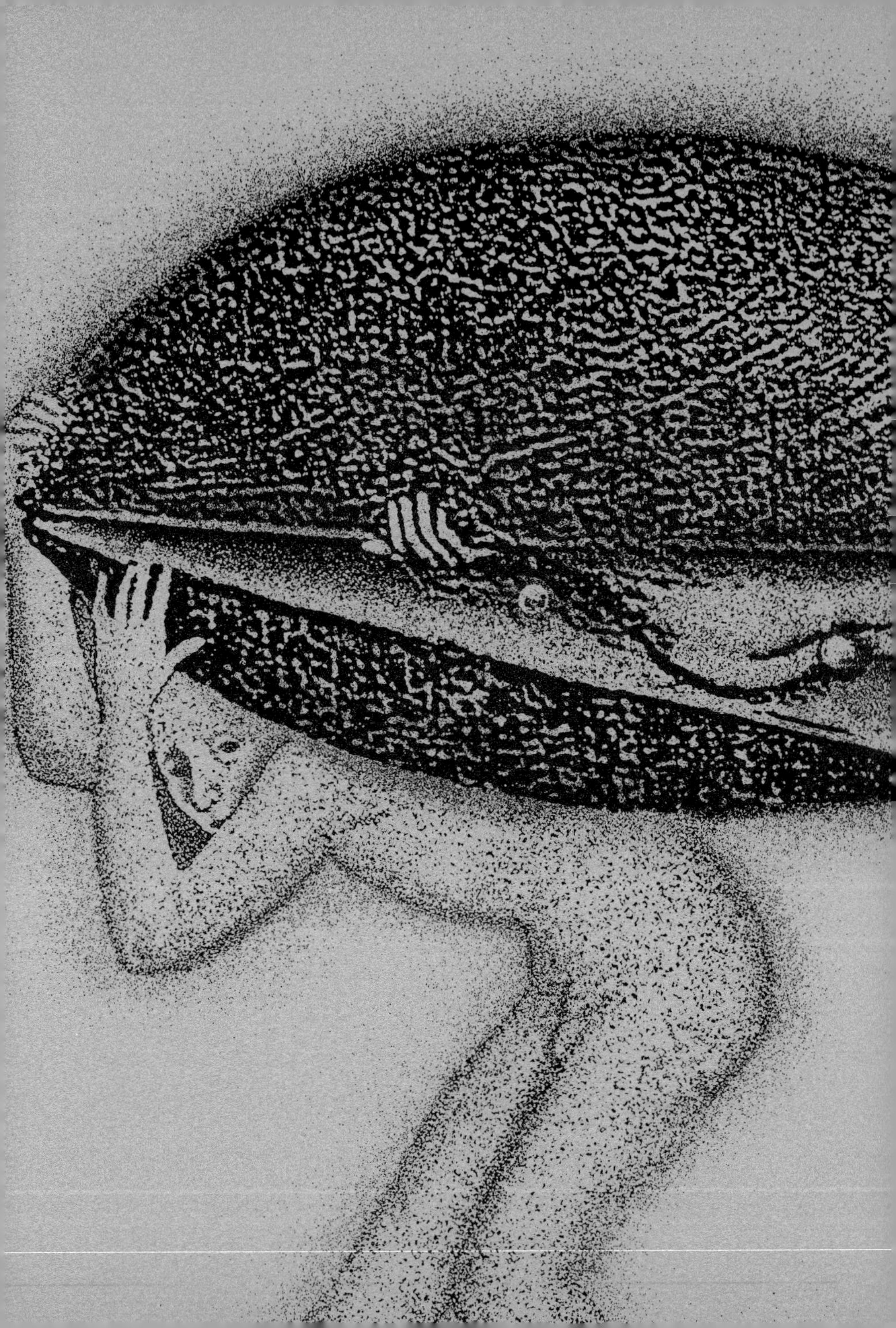

6

Panaschiertes Panaschee

Fangen Sie sich doch die von mir selbst erfundene Anti-Sirenen-Forelle mit dem Fischkopf und dem Frauenleib, die mein Freund, der große surrealistische Maler René Magritte, so schön gemalt hat, und lassen Sie sich dieses Gericht in Brüssel, jawohl nur in Brüssel, zubereiten, denn dort ißt man Aal in Tausend-Kräuter-Soße und versteht es, die »Anti-Sirene-René-Magritte« mit dem höchstmöglichen kulinarischen Verantwortungsbewußtsein anzurichten.

1 Steinbutt (etwa 1/2 kg)
1/2 l Milch
Cayennepfeffer
2 Eßlöffel Mehl
1 Eidotter
2 Eßlöffel Paniermehl
1 Eßlöffel Butter
3 Schalotten
1 Glas Weißwein
1/2 Glas Essig
1/8 bis 1/4 l Sahne

35

Steinbuttfilet in Sahne

Der Steinbutt gehört zu den köstlichsten Fischen überhaupt. Um ihn ganz zu kochen, braucht man einen Spezialtopf, den kaum jemand besitzt. Deshalb raten wir, den Fisch in Portionsstücken zuzubereiten.

Den Kopf abschneiden, dann den Fisch zuerst in der Mitte durchteilen und an der Rückengräte entlang jeweils noch einmal durchschneiden. So erhalten Sie 4 Filets, die Sie nochmals teilen und 2 Stunden in Milch legen. In 1 Eßlöffel Butter werden die feingehackten Schalotten glasig gedünstet und der Fischkopf und die Gräten dazugegeben. Braten lassen, anschließend mit Weißwein und Essig löschen und 15 Minuten zugedeckt kochen lassen; danach durch ein Sieb passieren und den Saft kräftig herausdrücken.

Die Steinbuttfilets nehmen Sie aus der Milch und bestreuen sie – ohne abzutrocknen – mit Cayennepfeffer und ein wenig Salz, wälzen sie in Mehl und anschließend in Eigelb und Paniermehl.

Diese Fischfilets, auf die jeweils ein Butterflöckchen gesetzt wird, werden in eine Pfanne gelegt und unten im Ofen von jeder Seite 10 Minuten gebraten.

Die Fischbrühe lassen sie sprudelnd kochen, bis auf einen Suppenlöffel voll verdunsten, stellen dann die Kasserolle in heißes Wasser und schlagen mit dem Schneebesen die Eigelb darunter und geben nach und nach unter weiterem Rühren die Sahne dazu. Die Soße wird noch gesalzen und gepfeffert und in einer Sauciere zu den Fischfilets gereicht.

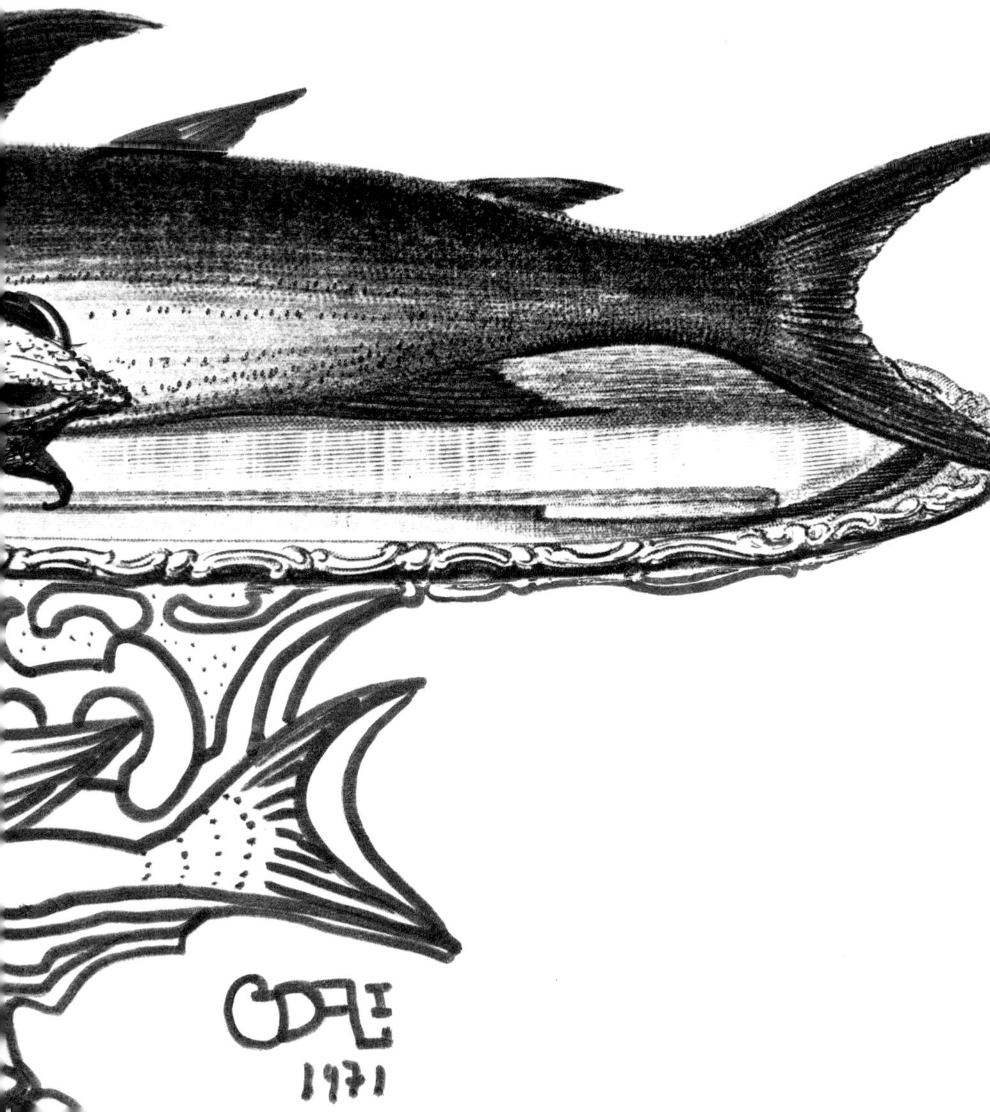
1971

4 Filets vom Goldbrassen
2 Zwiebeln
4 Möhren
1 Zweiglein Thymian
2 Lorbeerblätter
Cayennepfeffer
1 Glas heller Weinessig
1/4 bis 3/8 l Sahne
1 Kaffeelöffel Puderzucker
1 Weißkohl
2 Eßlöffel Butter

36

Eingelegte Fischfilets

Lassen Sie sich von Ihrem Fischhändler die Filets aus zwei schönen Goldbrassen schneiden.
In einer tiefen Platte schichten Sie sie auf die feingehackten Zwiebeln und Möhren, streuen Salz, Pfeffer, Thymian und Lorbeerblatt darüber und begießen alles mit einem Glas Essig.
Bis zum nächsten Tag durchziehen lassen, damit die Essigsäure die Fischfilets »gart«.
Am nächsten Tag lassen Sie den Fisch abtropfen, heben den Essig aber auf.
Der Puderzucker wird mit der Hälfte der Sahne verrührt und die Filets mit dieser Lösung bestrichen.
Jetzt zerkleinern Sie die zarten Blätter des Kohls, lassen sie in kochendem Wasser 10 Minuten gar werden, nehmen sie heraus und lassen sie abtropfen. In einem großen Schmortopf werden die Zwiebeln und Möhren aus der Marinade in der Butter eine gute Viertelstunde gedünstet, bis sie goldbraun sind. Dann wird der Kohl dazugegeben und der Topf zugedeckt. Sie müssen mehrmals umrühren, nach 10 Minuten den Essig dazugießen und dann 1 1/2 Stunden kochen lassen. Wenn danach noch sehr viel Flüssigkeit übrig ist, lassen Sie diese weiter verdunsten und würzen dann, wenn nötig, mit Salz und Cayennepfeffer nach. Den zweiten Eßlöffel Butter geben Sie zu dem Kohl, wenn Sie den Topf vom Feuer genommen haben.
Diesen heißen Kohl servieren Sie zu den kalten Filets.

37

Krebsbäumchen mit Wikingerkräutern

Damit dieses Gericht gelingt, brauchen Sie schöne Krebse von etwa 60 g. In einem Sud aus Fischbrühe, etwas Kraftbrühe, Weißwein, Wermut, Cognac, Thymian, Salz, Pfeffer, Zucker und Dill pochieren Sie die Krebse 20 Minuten. Dann lassen Sie sie 24 Stunden erkalten und bauen sie zu einem Bäumchen auf. Den wieder erhitzten Sud reichen Sie in Tassen dazu.

REZEPT VON LA TOUR D'ARGENT

★ ★ ★

37

Rezept für 10 Personen

5 kg große Krebse
1 Hummer (etwa 700 g)
300 g Hecht
11/2 l frische Sahne
4 Möhren, 2 Zwiebeln
Thymian, Lorbeerblatt, Petersilie
Estragon, 1 Stiel Selleriegrün
0,1 l Cognac
1 l Fischsoße (siehe Zubereitung)
4 Eiweiß
500 g frische Tomaten

38

Tafel Seite 108

Krebsschwanzcreme in Sauce Nantua

Brechen Sie die Krebsschwänze ab, legen sie auf Eis und heben die Scheren und Panzer für die Soße auf. 5 ganze Krebse werden für den Tischschmuck aufbewahrt.
Jetzt zerlegen Sie den Hummer, legen das Fleisch ebenfalls auf Eis, den »corail« gesondert, er wird zum Färben der Creme gebraucht.
Zubereitung der Creme:
Das Fleisch von Krebsen, Hummer und Hecht in einem Mörser zerstoßen und dabei nacheinander die Eiweiß untermischen und dann durch ein Seidensieb streichen. Stellen Sie den Teig in einer tiefen Schale auf Eis. Mit dem Spatel durchschlagen und dabei die Sahne, Salz, Pfeffer und ein wenig durch das Sieb gestrichenen »corail« dazugeben. Bevor Sie den Teig in eine Form gießen, sollten Sie eine Probe aufs Exempel machen: ein Klümpchen Teig in kochendem Salzwasser pochieren und auf die Luftigkeit der Creme achten! Eventuell Salz, Pfeffer oder Sahne nachrühren.
Die rohe Crememasse gießen Sie in eine gut gebutterte Kranzkuchenform von etwa 24 cm Durchmesser, die vorher kalt gestellt wurde, und lassen sie 40 Minuten im Wasserbad kochen.
Zubereitung der Soße:
Die Soße wird aus den Panzern der Krebse und Hummer sowie aus Möhren und Zwiebeln hergestellt. Lassen Sie alles in Butter bräunen, flambieren mit feinstem Cognac und geben dann Tomaten, Fischbrühe, Thymian, ganz wenig Lorbeerblatt, Petersilie, Estragon und 1 Stiel Selleriekraut dazu, würzen und lassen dies eine knappe Stunde kochen. Mit dem Rest »corail«, weicher Butter und 1 Eßlöffel Mehl Mehlbutter kneten und die Soße damit binden.
Wenn die Creme nach einer Probe fertig ist (Probe: Mit einer lauwarmen Nadel hineinstechen, wenn die Nadel beim Herausziehen trocken bleibt, ist's soweit!), wird sie ganz vorsichtig aus der Form auf eine möglichst runde Platte gestürzt. Jetzt gießen Sie die Soße darüber (aber etwas Soße zurückbehalten) und setzen die ganzen Krebse mit Trüffelscheibchen als Verzierung in die Mitte.

REZEPT VON MAXIM'S

★ ★ ★

39

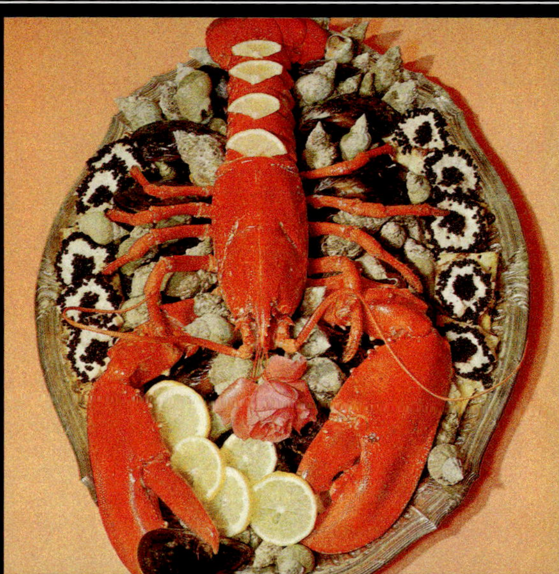

40

1/2 l Weißwein, 1/2 l Wasser
1 Würfel Hühnerbrühe, 6 Schalotten
1 Sträußchen Petersilie, 1 Dessertlöffel Ingwer
1 Hummer (etwa 1 1/2 bis 2 kg)
4 Scheiben Thunfisch
1 kg Trompetenschnecken, 1 kg Miesmuscheln
Pfannkuchenteig: 150 g Mehl, 2 Eier
1 Eßlöffel Olivenöl, 1/2 l Bier, 3 Avocados
2 Eßlöffel Maizena, 1 Gläschen Kaviar

39

Tafel Seite 109

Hummer mit schwarzen Perlen

Die Kochflüssigkeit bereiten Sie mit trokkenem Weißwein, zum Beispiel einem Côtes de Provence, Wasser, Hühnerbrühe, kleingehackten Schalotten, Petersilie und Ingwer. Wenn sie zu kochen beginnt, geben Sie die Miesmuscheln hinein und lassen sie so lange darin, bis sie sich öffnen. Mit dem Schaumlöffel herausfischen, nun die vorher gut gesäuberten Trompetenschnecken hineingeben und 1 Stunde sanft kochen lassen.
Dann legen Sie den Hummer in die Brühe, eine Viertelstunde später die Thunfischscheiben und lassen alles noch 15 Minuten auf dem Feuer. Jetzt nehmen Sie Fisch und Krustentiere heraus, gießen die Brühe durch ein Tuch und stellen sie wieder aufs Feuer, um sie einkochen zu lassen. Inzwischen werden die Hummerpanzer geöffnet und der »corail« entfernt. Aus dem Mehl, den 2 Eiern und dem langsam in Bier verrührten Olivenöl bereiten Sie einen Krapfenteig, den Sie salzen und dann 3 Stunden ruhen lassen. In einer sehr heißen Pfanne werden mit ganz wenig Fett 12 hauchdünne Eierkuchen gebacken, die übereinandergetürmt im Backofen warmgehalten werden.
Mit einer Gabel werden der Thunfisch, der »corail« vom Hummer und die geschälten Avocados zerkleinert, mit etwas Fischsud vermischt, gesalzen und gepfeffert. Diese Paste streichen Sie auf die Eierkuchen, rollen sie ein und stellen sie wieder warm.
Der eßbare Teil des Hummerschwanzes wird herausgelöst und in feine Medaillons geschnitten, die als Verzierung auf den gefüllten Eierkuchen dienen, um die die Miesmuscheln und Trompetenschnecken ringsum angeordnet werden.
In den Fischsud, der unterdessen eingekocht ist, geben Sie das mit etwas kalter Milch angerührte Maizena. Schon beim ersten Aufkochen wird die Soße sämig, so daß Sie sie gleich vom Feuer nehmen und den Kaviar hineinschütten, kosten und gegebenenfalls nachwürzen können. Keinesfalls schon vorher salzen!
Die gefüllten Eierkuchen und die Hummermedaillons werden mit etwas Soße beträufelt, den Rest servieren Sie in einer Sauciere.

1 kg Kabeljau
1 l Weißwein, 1/2 l Wasser
2 Kalbsfüße, 6 Schalotten
Cayennepfeffer, 1 Prise Fenchel
Thymian, 4 Knoblauchzehen
1 Kopf Salat
1 Eßlöffel Weinessig
4 Zweiglein Estragon
3 hartgekochte Eier
200 g schwarze Oliven, 2 Eidotter
0,2 l Olivenöl, 1 Eßlöffel Essig
3 Anchovis, 1/2 Knoblauchzehe

40 Tafel Seite 109

Kabeljau in Gelee

Dieses Gericht können Sie auf zweierlei Art zubereiten: Entweder Sie stellen das Gelee selber her oder Sie verwenden die im Handel erhältlichen Fertiggelees. Beides ist möglich.
Der Kabeljau wird über Nacht gewässert. Sie legen ihn in ein Sieb, das so tief in einer Schüssel mit Wasser hängt, daß der Fisch vollkommen bedeckt ist. Das Wasser sollten Sie des öfteren erneuern.
Am nächsten Tag wird der gewässerte, in Stücke geteilte Fisch in einen Topf gelegt, Weißwein und Wasser darüber gegossen und auf kleiner Flamme heiß gemacht. Wenn Sie keinen Finger mehr eintauchen können, stellen Sie den Herd ab und decken den Topf zu. Innerhalb einer Viertelstunde ist der Fisch gar, wird herausgenommen und aus dem Sud das Gelee bereitet.
Wenn Sie dieses Gelee selbst herstellen wollen, geben Sie die Kalbsfüße, die feingehackten Schalotten, den Knoblauch, Cayennepfeffer, Fenchel und Thymian in den Fischsud, den Sie mit dem restlichen Weißwein verlängern und dann 6 Stunden kochen lassen. Danach erst salzen, die Bouillon durch ein Sieb gießen und entfetten. Dann wird sie wieder zum Kochen gebracht und ein Eiweiß und eine zerstoßene, mit dem Schneebesen noch kräftig zerschlagene Eierschale dazugegeben; dadurch soll der Sud geklärt werden. Jetzt seihen Sie ihn noch einmal durch und mischen einen Eßlöffel Weinessig darunter.
Wenn Sie ein Geleepulver aus der Tüte verwenden, folgen Sie natürlich den dort angegebenen Anweisungen, nehmen aber den Fischsud und den Weißwein für die Zubereitung und geben zuletzt auch einen Eßlöffel Weinessig dazu, wie eben beschrieben. In eine tiefe Form oder Schüssel gießen Sie etwas von diesem Gelee. Durch ständiges Drehen überziehen sich Boden und Wände mit einer gleichmäßigen Geleeschicht. Die darauf als phantasievolles Dekor verteilten Estragonblättchen, das gehackte Eiweiß, die Tomaten und schwarzen Oliven haften darauf. Nachdem Sie die Schüssel einen Augenblick in den Kühlschrank gestellt haben, wird eine weitere Schicht Gelee darübergegossen, die das Dekor überdeckt und festhält. Wieder einen Augenblick kalt stellen, bevor die von allen Gräten befreiten Kabeljaustücke und die restlichen Oliven dazugegeben werden. Jetzt gießen Sie den Rest des Gelees darüber und stellen das Gefäß in den Kühlschrank.
Um die Form zu stürzen, müssen Sie sie nur in ein zuvor in heißes Wasser getauchtes Handtuch wickeln. Gleich nach dem Stürzen aber wieder kalt stellen.
Inzwischen wird die Beigabe für das Kabeljau-Gelee zubereitet: In einer Schüssel rühren Sie aus 2 frischen und den 2 hartgekochten Eidottern und Olivenöl eine Mayonnaise. Anfangs sehr langsam vorgehen, um eine perfekte Vermischung der Ingredienzien zu erreichen. Ist das Öl vollständig verrührt, kommen die zerstoßenen Anchovis, der feingewiegte Knoblauch und Cayennepfeffer hinzu. Serviert wird auf frisch gewaschenen und trocken getupften Salatblättern.

7

Monarchen-fleisch

m zu erreichen, daß man ein Gänschen zugleich für gekocht und lebendig lt« (auf der Tafel von Fürsten und großen Herren serviert man sie häufig), nehmen Sie eine Ente, eine Gans, ein Gänschen oder ein lebhafteres er, eine Gans oder ein Gänschen sind in diesem Falle jedoch jedem anren Geflügel vorzuziehen. Man rupfe das Tier vollständig außer an Kopf und Hals, halte es über ein Feuer, aber nicht zu dicht, damit es nicht entflieht. Kleine Schüsseln mit Wasser, Salz und Honig bereithalten. Die Platten sollten Sie mit gekochten und gewürfelten Äpfeln belegen. Den Vogel reiben Sie ausgiebig mit Schmalz ein, damit er saftiger wird und sich leichter braten läßt. Nach diesen Vorbereitungen zünden Sie das Feuer an. Wenn der Vogel anfängt zu schwitzen, trinkt er viel Wasser, um seinen Durst zu löschen, und dieses Mittel erfrischt ihm Herz und Glieder, reinigt und leert seinen Magen. Wenn die Flüssigkeit aber erst einmal zu kochen anfängt, verbrennt und kocht sie Eingeweide und Bauch. Sie benetzen ihm jetzt ständig Hirn und Herz mit einem Schwamm. Sobald er anfängt zu schwanken, können Sie sicher sein, daß er gar ist. Nehmen Sie ihn vom Feuer und servieren ihn. Seien Sie beruhigt: Wenn ihm Glied um Glied ausgerissen wird, schreit er derart, daß Sie glauben, er werde eher lebendig als tot erspeist.

1971

41

Fasan in Portwein

Um Liebhaber und Feinde von Wild mit Hautgoût gleichermaßen zufriedenzustellen, raten wir Ihnen zu einem Rezept, das den Fasan zugleich frisch und abgehangen schmecken läßt.

In einem Eßlöffel Butter wird die Leber vom Fasan und die übrige Geflügelleber gebraten und mit der Gabel nach und nach zerdrückt. Wenn sie gar ist, nehmen Sie sie vom Feuer und mischen sie mit der Weißwurst und den Petits-suisses, salzen, pfeffern, füllen damit den Fasan und nähen ihn dann zu.

Legen Sie den Fasan nun in einen Topf, der gerade so hoch und eng sein sollte, daß der Vogel vom Cognac und dem Port- und Weißwein bedeckt ist. Unten in den Kühlschrank stellen und mindestens 5 Stunden ruhen lassen. Danach lassen Sie ihn abtropfen und umwickeln ihn nach dem Salzen mit den Speckscheiben und geben ihn auf den Spieß. Die feingehackten Schalotten lassen Sie in der zerlassenen Butter goldgelb backen. Wenn sie glasig sind, mit der Marinade ablöschen und bei starker Hitze einkochen lassen. Wenn nur noch die Hälfte der Flüssigkeit vorhanden ist, gießen Sie sie in eine Pfanne, die Sie in den Ofen unter den Fasan stellen, lassen ihn 45 Minuten im Ofen braten und begießen ihn dabei häufig mit Bratensaft. Am besten ist, Sie tun dies mit einem Löffel, der an einen Holzstiel gebunden ist. Wenn der Fasan fertig ist, wird die Soße unter Verwendung des feinzerkrümelten Landbrotes (1 gegrillte Scheibe) angedickt. Weiter auf dem Feuer lassen und die Butter flöckchenweise mit dem Schneebesen darunterschlagen. Die Soße füllen Sie in eine Sauciere. Die Speckscheiben werden mit dem Messer auf die gerösteten Landbrotscheiben gelegt und darüber dann die Fasanenfüllung gestrichen. Diese köstlichen Grillbrote werden zum Fleisch gegessen.

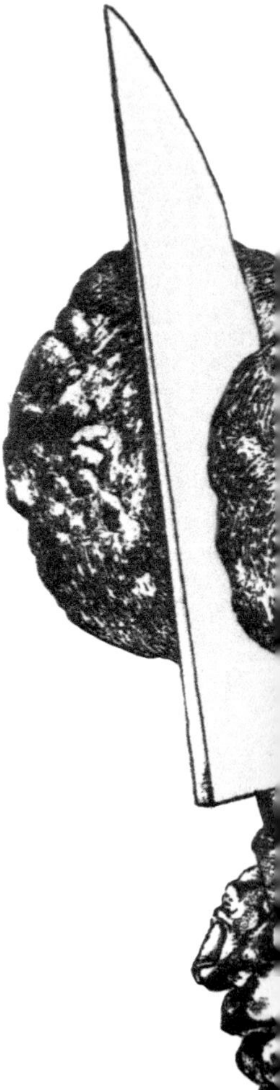

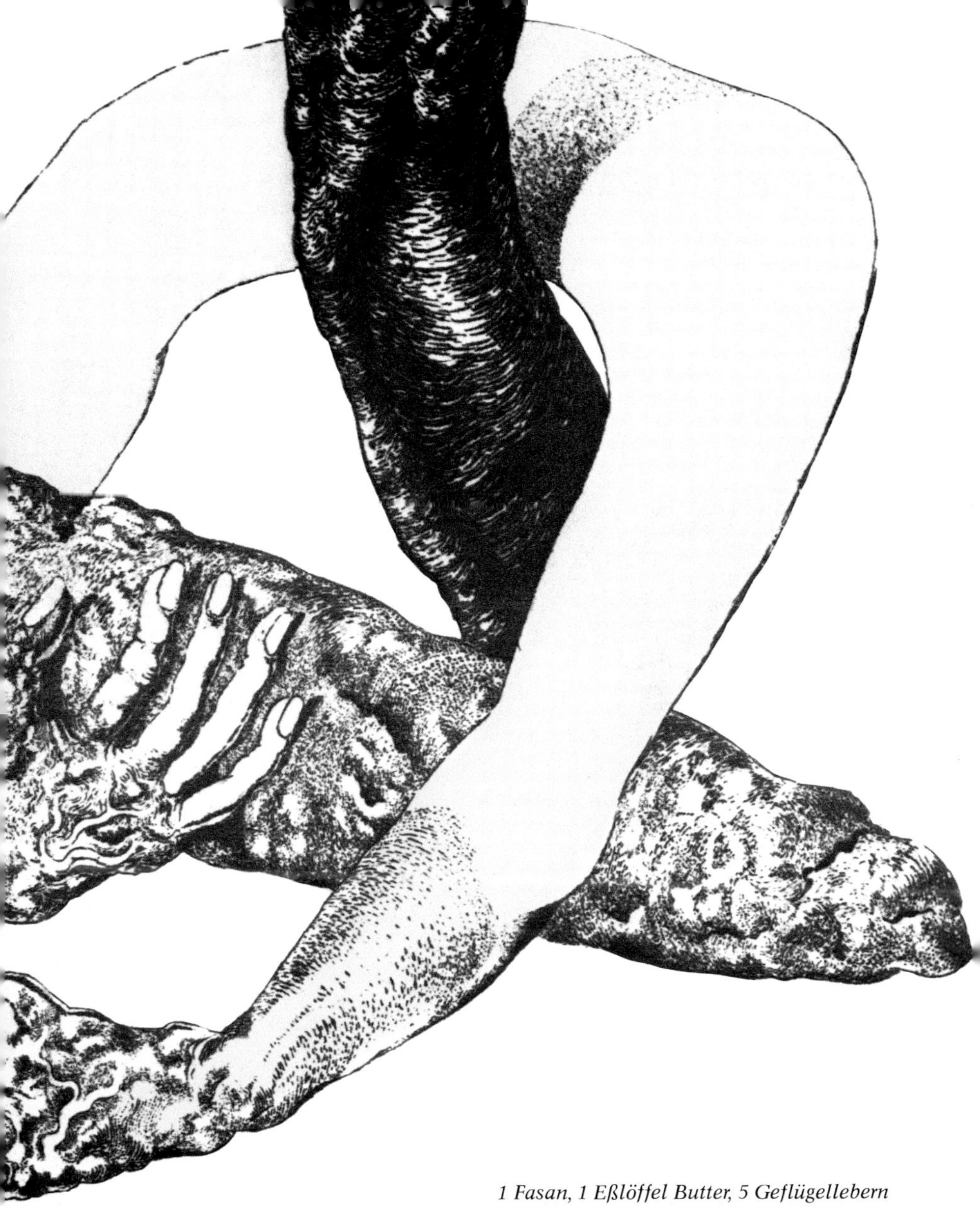

1 Fasan, 1 Eßlöffel Butter, 5 Geflügellebern
1 Weißwurst, 2 Petits-suisses, 1 Glas Cognac
1/2 l Portwein, 1 l trockener Weißwein
Speckscheiben zum Umwickeln
1 Eßlöffel Butter, 5 Schalotten
1 Scheibe gegrilltes Landbrot, 150 g Butter
6 Scheiben im Ofen geröstetes Landbrot

42

Rezept für ungefähr 10 Personen
10 Wachteln (pro Person eine)
Füllung:
150 g mageres Schweinefleisch
100 g Kalbfleisch
250 g fetter Speck
80 g Entenleberpastete
2 Eßlöffel Armagnac
Salz, Pfeffer, Koriander
80 g frische Trüffeln, gekocht und gewürfelt

12 Wachteln
100 g Kalbshack
1 Dose Trüffeln
4 Eßlöffel Madeira
2 Eßlöffel Butter
3 Eßlöffel Cognac
1 Eßlöffel Schweineschmalz
1 kg Maiskörner
200 g roher Schinken
1/2 Glas Madeira

42

Kaiserlicher Pfau inmitten seines Hofstaates

Drehen Sie das Schweine- und Kalbfleisch sowie den Speck durch den Wolf, entbeinen die Wachteln, füllen sie mit dieser Mischung und nähen sie zu.
Jetzt lassen Sie sie zusammen mit den Knochen langsam bräunen, löschen mit Sherry, geben etwas Bratensoße dazu und lassen sie 15 Minuten schmoren. Danach werden Wachteln und Soße getrennt abgekühlt.
Vor dem Servieren glacieren Sie die Wachteln mit der kalten Soße, garnieren mit Trüffeln und richten sie mit dem Rest der gelierten Soße auf einer Platte an.

REZEPT VON MAXIM'S

★ ★ ★

43

Wachteln mit Mais

Lassen Sie das Kalbshack 4 Stunden in Madeira ziehen und vermischen es dann mit den gehackten Trüffeln. Die gesalzenen und gepfefferten Wachteln werden mit dieser Mischung gefüllt, zugenäht, in 2 Eßlöffeln Butter goldbraun angebraten und dann mit Cognac flambiert. In einer Bratpfanne lassen Sie den Eßlöffel Schweineschmalz zergehen, verteilen eine Schicht Mais darin und setzen die Wachteln darauf. Der feingeschnittene, rohe Schinken wird darübergestreut und dann die Vögel mit einer weiteren Schicht Mais bedeckt. Gießen Sie auch den Saft aus der Konservendose darüber. Wegen des Schinkens nur sparsam salzen und pfeffern. Zum Schluß wird der Madeira darübergegossen und alles mit Alufolie bedeckt. Bei starker Hitze etwa 20 Minuten in den Ofen schieben.

Dalí
1971

1 junge Ente, 1 Weißwurst
600 g Roquefort
3 Petits-suisses, Muskatnuß
1 Eßlöffel Öl, 1 Eßlöffel Mehl
3 Glas Wasser
2 Würfel Hühnerbrühe
2 Möhren, 2 Zwiebeln
150 g Paniermehl
100 g Maizena, 1 Eidotter
2 Eier, 1 l Wasser
2 Eßlöffel Paniermehl
1 Eßlöffel Butter

44

Junge Ente in Roquefort

Wählen Sie eine junge, fleischige Ente aus, die ausgenommen, gesengt und dann gefüllt wird:
In einer Schüssel werden die abgezogene Weißwurst, 200 g Roquefort und die feingeschnittenen Petits-suisses vermischt und mit Salz, Pfeffer und Muskatnuß gewürzt. Mit dieser Mischung wird die Ente gefüllt und zugenäht. In einer Kasserolle lassen Sie das Mehl im Öl leicht bräunen, löschen dann mit Wasser ab und geben die Würfel Hühnerbrühe, die feingehackten Schalotten und die in Scheiben geschnittenen Möhren dazu und legen, wenn es zu kochen beginnt, die Ente hinein. Sie muß zugedeckt etwa 1 Stunde sacht kochen.
Inzwischen stellen Sie aus den 200 g Roquefort, dem Paniermehl, Maizena, 2 Eiern, einem Eidotter sowie Salz einen glatten Teig her.
In einen Liter kochendes Salzwasser geben Sie mit einem Eßlöffel hühnereigroße Klöße vom Teig. Wenn sie oben schwimmen, nehmen Sie sie heraus, lassen sie auf einem Handtuch abtropfen und wälzen sie in Paniermehl.
Dann nehmen Sie die Ente aus dem Topf, gießen die Brühe durch ein Sieb, entfernen das überflüssige Fett und halten die Flüssigkeit heiß, um sie später in einer Sauciere zu servieren.
Die Ente wird nun, von den panierten Klößchen umgeben, auf eine Pfanne gelegt und mit einem Eßlöffel Butter bei starker Hitze für 15 Minuten in den Ofen gestellt. Vorsicht: Die Klöße werden rasch braun, Sie müssen sie öfter wenden.

45 Tafel Seite 126/127

Perlhuhn »Viroflay«

Nehmen Sie 2 kleine Perlhühner von je 800 g Gewicht. Sie werden vom Rücken aus gespalten, um die Beine herauszulösen. Die beiden kleinen Keulen sollten ganz bleiben. Pfeffern und salzen.
Jetzt bereiten Sie eine Füllung: In einer Kasserolle werden 120 g frisches Schweinehack angebraten. Wenn es so richtig geschmolzen und saftig geworden ist, streuen Sie 4 Scheiben entrindetes, zerkrümeltes Weißbrot hinein. Wenn sich die Brotkrümel goldgelb färben, geben Sie die gut zerdrückte Leber der Perlhühner, je ein kleines Zweiglein Kerbelkraut, Thymian und Bohnenkraut, 200 g abgekochten, gut getrockneten und dann gehackten Spinat dazu, lassen alles zusammen heiß werden und rühren dann 3 Eidotter hinein, so daß eine homogene Mischung entsteht.
Mit dieser Mischung werden die Perlhühner gefüllt, in Form gebracht, Flügel und Beine zusammengebunden und für ungefähr 40 Minuten bei mittlerer Hitze im Ofen gebacken.
Für die Grundsoße schmoren Sie in einer Kasserolle die grobgehackten Perlhuhnknochen, die »Abfälle« des Geflügels, 2 Möhren, 2 Zwiebeln und eine Knoblauchzehe in zerlassener Butter, löschen mit 0,15 l gutem trockenem Weißwein und 1/2 l Wasser ab, geben noch einen Kaffeelöffel zerdrückte Tomate sowie ein kleines Sträußchen Kräuter hinzu und lassen das Ganze 30 Minuten kochen. Die Grundsoße können Sie dann später weiterverwenden.
Die Perlhühner werden nun aus dem Ofen genommen, auf eine Platte gelegt und warm gestellt. In dem verbliebenen Bratensaft aus Butter dämpfen Sie 40 g gehackte Trüffeln etwa 2 Minuten lang, ohne die Kasserolle nochmals auf die Herdplatte zu stellen, gießen 1/2 l Sherry dazu und lassen noch einmal aufkochen. Die durch ein Sieb gestrichene Grundsoße mischen Sie nun darunter, binden sie vorsichtig mit 1 Kaffeelöffel kalt angerührtem Kartoffelmehl und würzen – wenn nötig – nach, um die »Perlhuhnsoße« zu verfeinern.
Die auf einer Platte angerichteten Perlhühner werden nun mit Soße übergossen und mit 4 gekochten und dann in Butter geschwenkten Champignons und Artischockenherzen umgeben, auf die Sie ebenfalls etwas Soße träufeln.
Die übrige Soße wird in einer Sauciere gereicht.

REZEPT VON LASSERRE

★ ★ ★

8 Weiche Uhren im Halbschlaf

Ehre sei Rabelais. Die langsamste und schwindelerregendste Rennstrecke zu Tod und schmerzendem Sybaritentum, zum höchsten Genuß an delikatesten Speisen lade ich (während jene andere Rennstrecke zum Tod – die Tour de France –, der absolute Höhepunkt von Aufstieg und Abstieg, schwindelerregenden Kurven und tödlichen Ausrutschern, gerade gefahren wird) meine Leser ein zu kosten, wenn die Zikaden im Monat Juli am lautesten singen – Gastronomie des Deliriums, auserwählt, den Umschlag dieses Buches zu zieren, das nach meinen Plänen die Kunst des Essens in eine holographische Ekstase verwandeln soll.

1971

1 Eßlöffel Butter
1 Schweinsbraten (etwa 750 g)
1/2 Flasche Rosé de Provence
6 Austern, 6 Kammuscheln
1/2 kg Miesmuscheln
1 Prise Fenchel, 1 Prise Thymian
300 g mild gesalzenes Schweinefleisch
200 g Gruyère
2 Eßlöffel Senf, 1 Eßlöffel Butter
2 Eßlöffel Mehl
Saft von 1 Zitrone
10 Eßlöffel frische Sahne

46

Schweinebraten in Muscheln

Der Schweinebraten wird in Butter gebraten und, wenn er schön braun ist, herausgenommen. Jetzt gießen Sie mit dem Rosé auf und lassen in dieser Flüssigkeit nacheinander Austern, Kammmuscheln und Miesmuscheln sich öffnen. Das muß ganz schnell gehen. Sobald sie sich einen Spalt breit öffnen, müssen Sie sie mit einem Schaumlöffel herausfischen. Dann wird die Flüssigkeit durch ein Sieb gegossen, der Schweinebraten wieder hineingelegt und 50 Minuten in dieser Kraftbrühe gekocht.
Danach geben Sie Salz, Pfeffer, Fenchel und Thymian dazu. Miesmuscheln, Austern und Kammuscheln werden aus ihren Gehäusen gelöst und gut abgespült, da sie meist sehr sandig sind. Der schwarze Teil wird gekappt und die Muscheln, 15 Minuten bevor die Kochzeit des Bratens abgelaufen ist, in die Kraftbrühe gegeben und mitgekocht. Inzwischen wässern Sie das mildgesalzene Schweinefleisch, hacken es und braten es kurz in der zerlassenen Butter. Etwa 10 Minuten unter ständigem Wenden dünsten, dann den geriebenen Gruyère darüberstreuen und mit Sahne und Senf verrühren. Reichlich Salz und Pfeffer verwenden.
Mit dieser Mischung füllen Sie die Gehäuse der Kammuscheln und Austern und gratinieren sie 10 Minuten bei starker Hitze im Ofen.
Nehmen Sie den Schweinebraten und die Kammuscheln aus der Bouillon, setzen die Muscheln wieder in ihr Gehäuse (über die Füllung) und legen auch die Miesmuscheln wieder in ihre Schalen. Zusammen mit dem Schweinebraten werden sie im halboffenen Ofen warm gestellt. Jetzt dicken Sie die Kraftbrühe mit Mehlbutter an, lassen ein paarmal aufkochen und geben dann den Zitronensaft, die Sahne und die Miesmuscheln hinein und erhitzen alles, ohne kochen zu lassen.
Die Soße wird über den Schweinebraten gegossen und die gefüllten Kammuscheln ringsherum angeordnet.

750 g Schweinsrücken
1 Eßlöffel Schweineschmalz
3 Zwiebeln, 1/2 l Weißwein
1 Würfel Hühnerbrühe
2 Dessertlöffel Ingwer
3 Knoblauchzehen
4 dünne Kalbsschnitzel
6 Scheiben roher Schinken
300 g schwarze Oliven
150 g Mehl
4 Eßlöffel Olivenöl
1 Eßlöffel Butter
2 Eßlöffel Wasser, 1 Ei

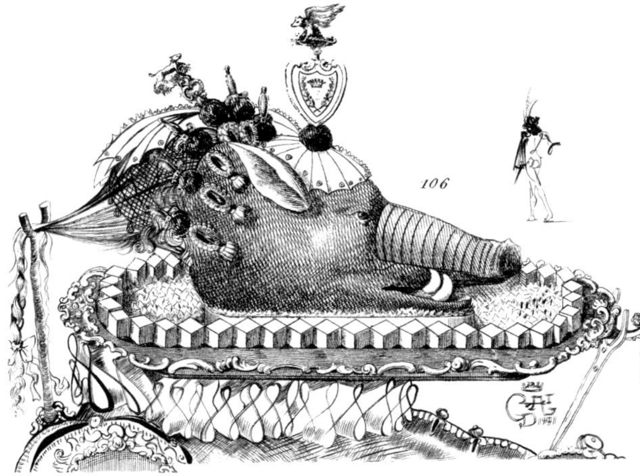

47

Feine Schweinsstifte à la française

Schneiden Sie vom Schweinerücken feine Stifte und legen sie in eine Schüssel. In dem zerlassenen Schweineschmalz werden die feingehackten Zwiebeln 10 Minuten gebraten, dann mit dem Wein abgelöscht und der Würfel Hühnerbrühe dazugegeben und mit Salz und Pfeffer gewürzt. Etwa 10 Minuten kochen lassen und diese Flüssigkeit über die Stiftchen gießen.
Nun wird der Knoblauch zerstoßen, mit Pfeffer gemischt, ein Kalbsschnitzel daraufgelegt, wieder mit der Knoblauch-Pfeffer-Mischung bestreut, das zweite Schnitzel daraufgelegt und so weiter. Bis zum nächsten Morgen stehenlassen.
Ideal zur Bereitung dieses Gerichts wäre eine Form, wie sie Engländer für ihre Pies verwenden. Jedoch reicht auch eine irdene oder eine andere feuerfeste Form aus, deren Ränder ziemlich hoch sind. Boden und Seitenwände der Form legen Sie nun mit den Kalbsschnitzeln, von denen Sie zuvor den Knoblauch abschütteln, aus und salzen sie.
Die Schweinsstifte werden – immer abwechselnd mit dem ebenfalls in längliche Streifen geschnittenen Schinken und den schwarzen Oliven – über den Kalbsschnitzeln angeordnet und die Marinade darübergegossen, so daß die Form etwa zu drei Vierteln gefüllt ist.
In einer Schüssel vermengen Sie Mehl, Ei und eine Prise Salz, lassen die Butter in Wasser schmelzen und verrühren sie mit den vorgenannten Zutaten zu einem Teig, den Sie mit einem Nudelholz zu einer länglichen Form – ähnlich der Topfform – ausrollen.
Die Ränder der Backform werden befeuchtet, damit der Teig nach leichtem Andrücken besser haftet. In die Mitte wird ein Loch gestochen und die Form bei starker Hitze für etwa 1 Stunde in den Ofen geschoben. Sollte der Teig zu schnell braun werden, decken Sie ihn mit Alufolie ab.

1 Eßlöffel Schweineschmalz
2 Zwiebeln, 2 Köpfe Rotkohl
4 Äpfel, 2 Gewürznelken
3 Eßlöffel Essig
3 Eßlöffel Johannisbeergelee
Cayennepfeffer
1 1/2 Tassen Wasser, 2 Eigelb
6 Schweinskoteletts
3 Eßlöffel Essig
2 Eßlöffel Senf
Cayennepfeffer, 3 Eßlöffel Olivenöl

48

Schweinskotelett auf dem Sockel

In dem Schweineschmalz lassen Sie die feingehackten Zwiebeln glasig werden. Den gewaschenen, in feine Streifen geschnittenen Rotkohl, die geschälten, entkernten und geviertelten Äpfel, Salz, Cayennepfeffer und 2 zerstoßene Gewürznelken werden zu den Zwiebeln gegeben und 3 Stunden auf kleiner Flamme gekocht.
In der letzten halben Stunde mischen Sie noch Essig und Johannisbeergelee darunter.
In der Zwischenzeit haben Sie die Koteletts vom Knochen befreit und auch den Blätterteig auftauen lassen, den Sie nun in einer Stärke von 1/2 cm ausrollen.
Der gekochte Kohl wird in 6 etwa gleich große Portionen geteilt und jede in Blätterteig eingewickelt (den Teig von jeweils zwei Seiten übereinanderschlagen).
So erhalten Sie 6 kleine Pasteten, die mit Eigelb bepinselt werden, damit sie beim Backen eine schöne Farbe bekommen. Auf jede Pastete legen Sie ein Kotelett und darauf einen Streifen Blätterteig. In einem Schälchen werden Essig, Johannisbeergelee, Senf und Olivenöl mit Pfeffer und Salz gemischt, die Koteletts mit dieser Lösung bestrichen und dann für 25 Minuten bei starker Hitze in den Ofen gestellt.
Alle 5 Minuten müssen Sie die Koteletts wenden und jedesmal reichlich mit Soße begießen.

49

Schinken und Spitzbein als »Hot dog«

1 kleiner Schinken
4 gekochte Spitzbeine
1 l Apfelmost (Cidre)
4 Stangen Porree
3 Zweiglein Estragon
4 Eßlöffel Senf aus Dijon
1 kg Brotteig
5 Eßlöffel Butter
1 Eigelb
1 Eßlöffel Mehl
1 Likörglas Weinbrand

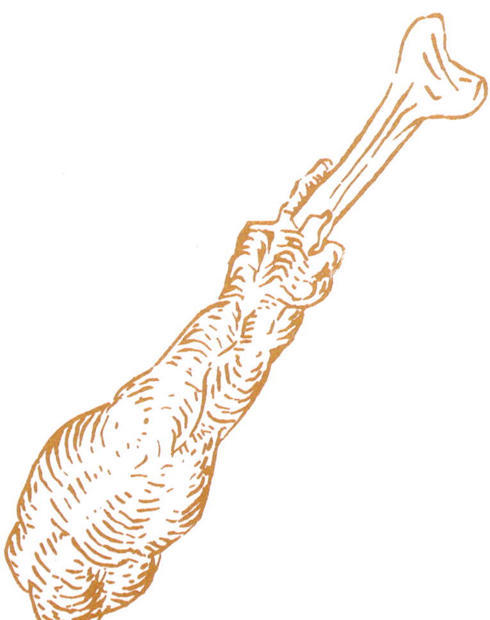

Bestellen Sie beim Bäcker 1 kg Brotteig. Geben Sie den Schinken und die Spitzbeine (sie sind zwar schon gekocht, aber man sollte sie noch einmal mitkochen), die kleingeschnittenen Porreestangen (nur die hellen Teile), den Apfelmost (Cidre), Estragon und 3 Eßlöffel Senf aus Dijon in einen Kochtopf, salzen und pfeffern beim Aufkochen und lassen die Mischung noch etwa 1 1/2 Stunden kochen. Auf einem mit Mehl bestäubten Tisch wird der Brotteig ausgerollt, eine Hälfte mit dem Eßlöffel Senf bestrichen und darauf die vom Knochen gelösten Stücke Spitzbein und die Schinkenscheiben gelegt. Obenauf kommen die Reste vom Spitzbein. Dann wird der Teig darüber geschlagen. Die sich berührenden Ränder wurden zuvor befeuchtet, damit sie gut aneinander haften.

Mit einem Eidotter bepinseln Sie die Oberfläche des Teigs, bringen in der Mitte auf der Spitze ein Loch an, lassen ihn 1 Stunde gehen und schieben den gefüllten Teig dann in den Ofen, wo er bei starker Hitze etwa 30 Minuten backen soll. In den Kochsud gießen Sie das Glas Weinbrand und lassen ihn sacht köcheln. 1 Eßlöffel Butter vermischen Sie mit Mehl, lassen diese Mehlbutter unter ständigem Rühren in der Soße zergehen und 1 Minute kochen, nehmen dann den Topf vom Feuer und schlagen mit dem Schneebesen die Butter darunter.

9 Desoxyribonuklein-Atavismen

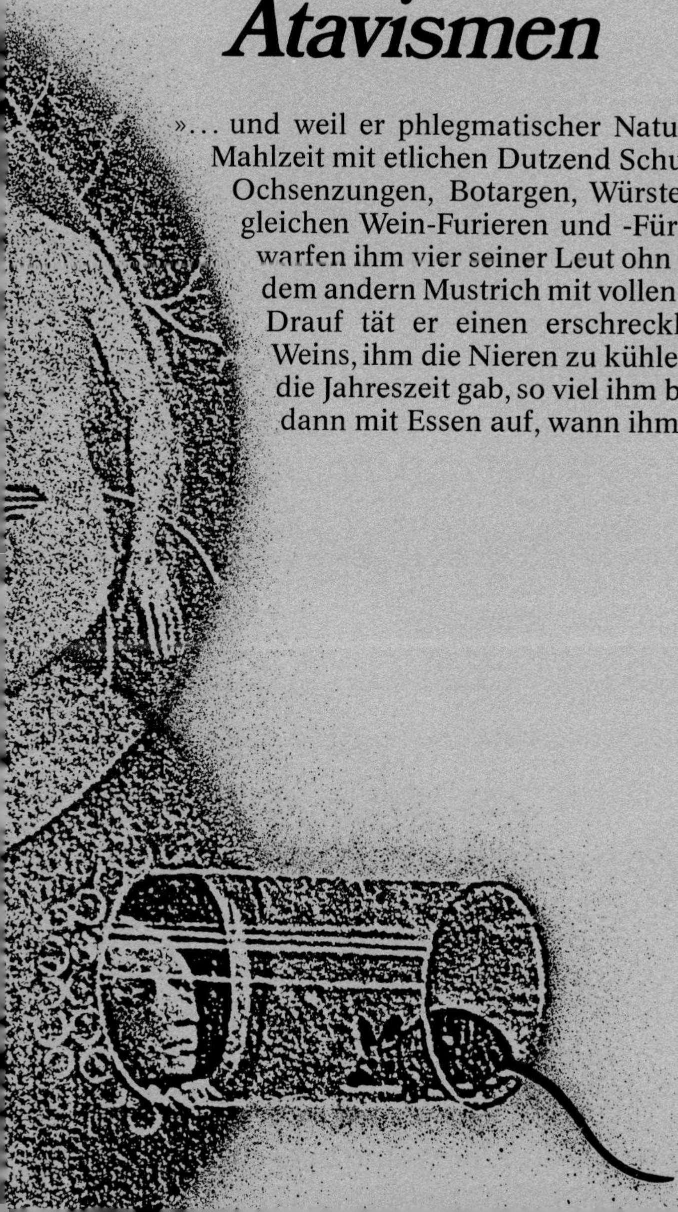

»... und weil er phlegmatischer Natur war, fing er seine Mahlzeit mit etlichen Dutzend Schunken, geräucherten Ochsenzungen, Botargen, Würsten und andern dergleichen Wein-Furieren und -Fürtrab an. Mittlerweil warfen ihm vier seiner Leut ohn Unterlaß einer nach dem andern Mustrich mit vollen Schaufeln ins Maul. Drauf tät er einen erschrecklichen Zug weißen Weins, ihm die Nieren zu kühlen: aß dann, was just die Jahreszeit gab, so viel ihm beliebt', und hört' alsdann mit Essen auf, wann ihm der Bauch zog.«

(GARGANTUA, Kap. 21)

400 g magerer Speck
1 l Wasser
1 kg frische enthülste Erbsen
1 kg Spinat
2 Handvoll Kerbel
150 g Butter
6 Scheiben Weißbrot ohne Rinde
3 Eßlöffel Butter

50

Grünes Püree

Am Abend zuvor werden die Erbsen eingeweicht.
Den Speck drehen Sie sehr fein durch, lassen die Erbsen abtropfen und geben sie mit dem Speck ins Wasser, legen den gewaschenen Spinat und das gesäuberte Kerbelkraut darauf und lassen dies zum Kochen kommen. Nach wenigen Augenblicken würzen Sie nach: Seien Sie mit Salz vorsichtig, weil der Speck gesalzen ist, geben aber ruhig Pfeffer dazu und lassen dann 1 Stunde kochen. Passen Sie auf, denn zum Schluß soll nur ganz wenig Flüssigkeit übrigbleiben.
Anschließend gießen Sie die Mischung durch ein Sieb und rühren sie durch.
Um dem Püree die gewünschte Festigkeit zu geben, wird es auf kleiner Flamme mit einem Holzlöffel trockengerührt und unter ständigem Rühren 150 g Butter darin aufgelöst.
Die Brotscheiben werden entrindet und jede zweimal diagonal durchgeschnitten, so daß 4 Dreiecke entstehen. Bräunen Sie sie nun von beiden Seiten in einer Pfanne und geben nach und nach einige Butterflöckchen dazu. Die knusprigen Dreiecke legen Sie vor dem Servieren auf das Püree.

2 kg Spargel
1 l Wasser
500 g unreife Nußkerne
200 g Maisgrieß
2 Eßlöffel Essig
2 Eßlöffel Butter
12 Eßlöffel frische Sahne

51

Spargel mit Nüssen

Schälen Sie den Spargel, schneiden das glasige Ende ab und lassen ihn nach sorgfältigem Waschen 30 Minuten in Salzwasser kochen. Da Sie nicht alle zugleich in der angegebenen Wassermenge kochen können, brauchen Sie dafür eine Stunde. Lassen Sie die Spargel langsam und ruhig kochen, damit sich die zarteren Spargelköpfe nicht lösen. Anschließend lassen Sie sie abtropfen, heben die schönsten, etwa 1/2 kg, auf und rühren die restlichen durch. In das Spargelwasser wird unter ständigem Rühren das Maismehl geschüttet. Sie sollten weiterrühren (etwa 30 Minuten lang), denn das Maismehl wird sehr schnell dick, ist aber nach der angegebenen Zeit schön trocken und sehr kompakt.
Diese Masse vermischen Sie nun mit den pürierten Spargeln, geben, wenn nötig, noch Salz und Pfeffer hinzu und mengen die gründlich zerstoßenen Nußkerne und den Essig darunter.
Eine Kuchenform wird mit Öl eingefettet, die Masse hineingeschüttet und in die Mitte geben Sie die aufbewahrten Spargelköpfe.
Wenn das Ganze abgekühlt ist, stürzen Sie die Form und schneiden für jeden zwei Scheiben ab und braten Sie auf beiden Seiten in Butter lichtbraun und servieren sie dann mit jeweils einem Kaffeelöffel Sahne darauf.

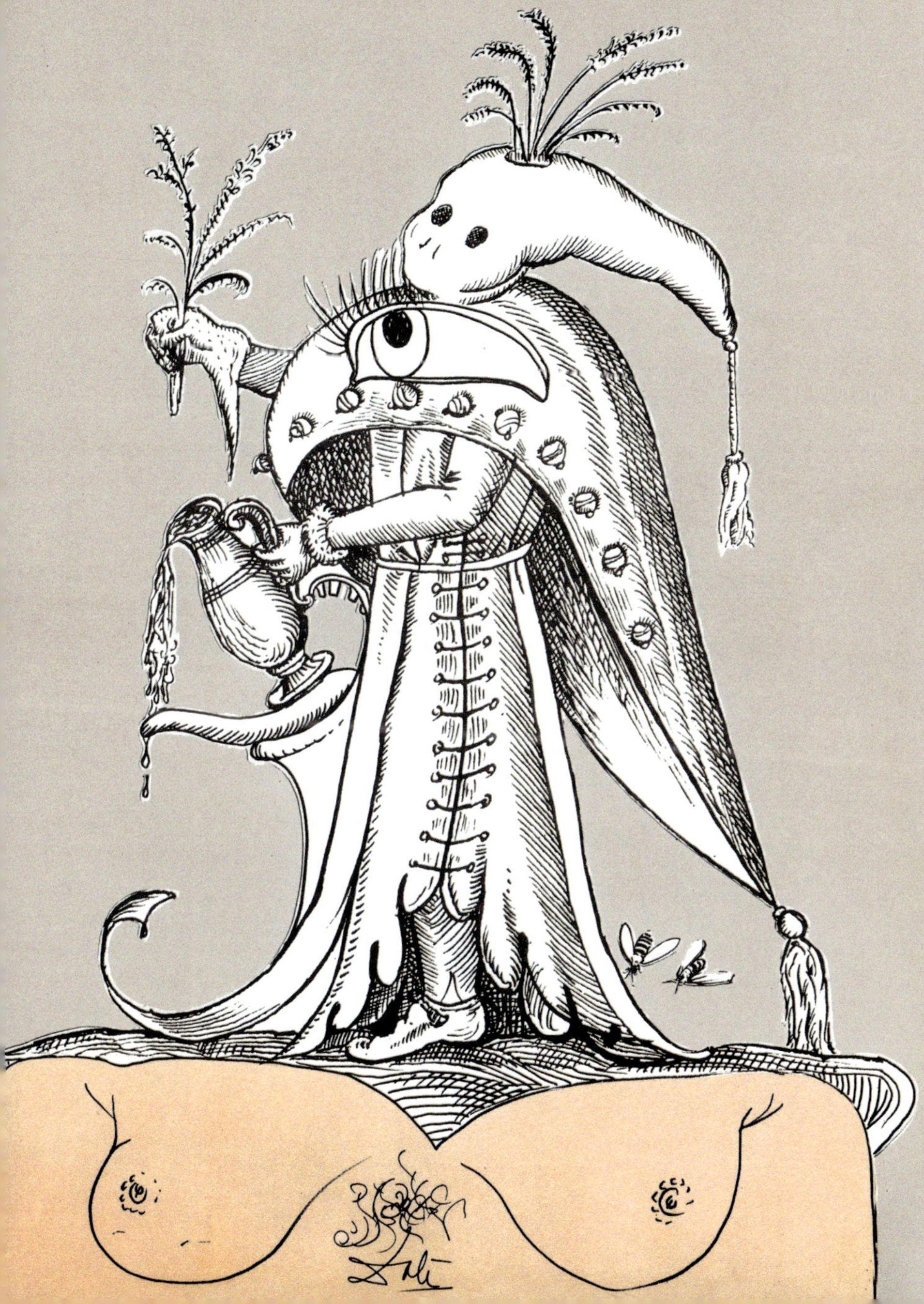
Dalí

1 kg Schwarzwurzeln, 1 l Wasser
1/2 Glas Essig
1 Würfel Hühnerbrühe
4 Eßlöffel Mehl
Muskatnuß
250 g Weißbrot ohne Rinde
1 Glas Milch, 2 Eßlöffel Butter
1 Prise Mehl, 7 Eidotter
100 g geriebener Parmesankäse
400 g Hammelhack
6 Eßlöffel Sahne

52

Schwarzwurzeln mit Nockerln

Beim Putzen der Schwarzwurzeln sollten Sie zum Schutz Handschuhe tragen.
Geben Sie das Gemüse nach und nach in das Essigwasser und fügen das in etwas Wasser aufgelöste Mehl, den Würfel Hühnerbrühe und Muskatnuß hinzu und geben, wenn es zu kochen beginnt, Salz und Pfeffer nach Bedarf hinein. Nicht zudecken, denn das Mehl im Wasser bewirkt leicht ein Überkochen. 45 Minuten auf kleiner Flamme kochen lassen.
Inzwischen werden die Nockerln vorbereitet: Das in Milch vorgeweichte Weißbrot wird gründlich ausgepreßt und zusammen mit der Butter in eine Kasserolle gegeben. Zerdrücken Sie das Brot beim Kochen ständig mit einem Löffel, bis eine gleichmäßige Brotmasse entsteht, unter die Sie, nachdem Sie die Kasserolle vom Feuer genommen haben, die Eidotter, den Parmesankäse, Salz, Pfeffer und das Hammelhack mischen und die Mischung zuletzt mit einer Prise Mehl etwas trockener machen.
Die Schwarzwurzeln fischen Sie mit dem Schaumlöffel heraus und stellen sie warm. Mit einem Löffel werden Klößchen vom Nockerlteig abgestochen, in dem Gemüsewasser etwa 10 Minuten pochiert und nacheinander zu den Schwarzwurzeln gelegt. In eine Kasserolle geben Sie nun den letzten Eßlöffel Butter und das Mehl, verrühren beides gut und löschen, noch bevor das Mehl zu bräunen beginnt, mit der Kochflüssigkeit ab. Unter Rühren sämig werden und eine Minute kochen lassen. Dann nehmen Sie den Topf vom Feuer und schlagen Sahne und Eidotter mit dem Schneebesen darunter, lassen die Soße, ohne kochen zu lassen, warm werden und gießen sie über die warm gehaltenen Schwarzwurzeln und Nockerln.

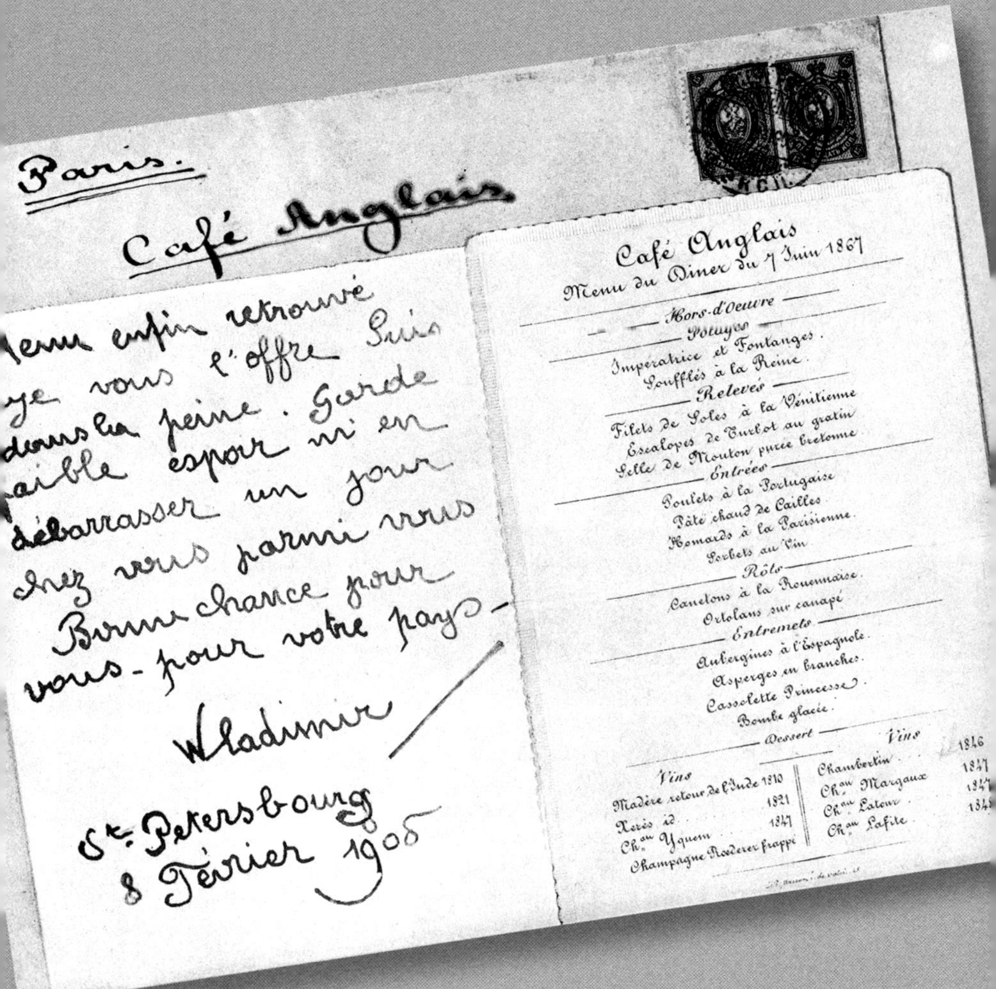

Paris.

Café Anglais

Menu enfin retrouvé
je vous l'offre Suis
dans la peine. Garde
faible espoir m'en
débarrasser un jour
chez vous parmi vous
Bonne chance pour
vous - pour votre pays -

Wladimir

St. Petersbourg
8 Février 1905

Café Anglais
Menu du Diner du 7 Juin 1867

Hors-d'Oeuvre

Potages
Impératrice et Fontanges.
Soufflés à la Reine.

Relevés
Filets de Soles à la Vénitienne
Escalopes de Turbot au gratin
Selle de Mouton purée bretonne.

Entrées
Poulets à la Portugaise
Pâté chaud de Cailles
Homards à la Parisienne.
Sorbets au Vin

Rôts
Canetons à la Rouennaise.
Ortolans sur canapé

Entremets
Aubergines à l'Espagnole.
Asperges en branches.
Cassolette Princesse.
Bombe glacée.

Dessert

Vins
Madère retour de l'Inde 1810
Xerès id. 1821
Chau Yquem 1847
Champagne Roederer frappé

Vins
Chambertin 1846
Chau Margaux 1847
Chau Latour 1847
Chau Lafite 184

Gekochte und in Scheiben geschnittene Rüben
Sellerie in Form eines Halbmondes
1 Selleriescheibe,
gedünstet und in Scheiben geschnitten
6 bis 8 Kartoffeln,
gekocht und in Scheiben geschnitten
1 große schwarze Trüffel, in Scheiben geschnitten
hauchdünn geschnittene Salatherzen

53

Salatkomposition nach Alexandre Dumas

Mischen Sie die angegebenen Zutaten zu gleichen Teilen phantasievoll in einer Salatschale.

In einer anderen Schüssel bereiten Sie die Soße zu: Das Gelbe von einem hartgekochten Ei (für 6 Personen) wird mit Olivenöl, frischem oder getrocknetem Kerbelkraut zu einem Teig verrührt und mit 1 Eßlöffel Thunfischstückchen aus der Dose, 2 eingelegten Anchovisfilets, 1 Eßlöffel französischem Senf, 1 Eßlöffel Sojasoße, 1 Kaffeelöffel gehackten Cornichons, dem gehackten Eiweiß von einem hartgekochten Ei, Salz, Pfeffer und sehr gutem Weinessig vermischt.

Den Salat richten Sie erst bei Tisch an, indem Sie die Zutaten mit der Soße vermengen und mit einer Handvoll ungarischem Edelsüßpaprika bestäuben.

REZEPT VON MAXIM'S

★ ★ ★

1 Blumenkohl
1 l Wasser
2 Würfel Hühnerbrühe
1 Eßlöffel Essig
1 Tasse Reis
1 Eßlöffel Butter
2 Eßlöffel Mehl
200 g Roquefort
1 Eiweiß
3 Eidotter
200 g Butter

54

Blumenkohl mit Roquefort

Den Blumenkohl gründlich waschen, die grünen Blättchen entfernen und die schlechten Stellen herausschneiden, aber ansonsten nicht zerteilen. Legen Sie ihn dann ins Wasser, geben die Würfel Hühnerbrühe und den Essig dazu, bringen dies zum Kochen und lassen dann noch 10 Minuten leicht köcheln. Dann stellen sie die Herdplatte ab und lassen den Kohl zugedeckt weiterkochen. Durch diesen vorsichtigen Kochprozeß lösen sich die Spitzen nicht von den Stielen. Nach 20 Minuten nehmen Sie ihn heraus und kochen in 2 1/2 Tassen Blumenkohlwasser den Reis, der noch gepfeffert wird.
In einer Kasserolle wird die Butter zerlassen, das Mehl darin verrührt und gleich mit 3 Schöpflöffeln Blumenkohlwasser abgelöscht. Wenn die Soße sämig wird, den Roquefort und später den gekochten Reis unterziehen. Dann nehmen Sie den Topf vom Feuer, geben die Eidotter und das Eiweiß hinein und schütten diese Mischung in eine gebutterte Form.
Entfernen Sie nun einen kleinen Teil des Blumenkohlstrunks, ohne den Kopf zu zerstören. Diesen setzen Sie dann so tief auf die Creme in der Form, daß nur der obere, gewölbte Teil hervorsieht, und beträufeln ihn mit einem Teil der zerlassenen Butter. Die Form wird im Wasserbad 30 Minuten bei starker Hitze im Ofen überbacken. Wenn Sie die Form herausgenommen haben, biegen Sie die kleinen Blumenkohlröschen vorsichtig auseinander und gießen den Rest der zerlassenen Butter dazwischen. Sofort servieren!

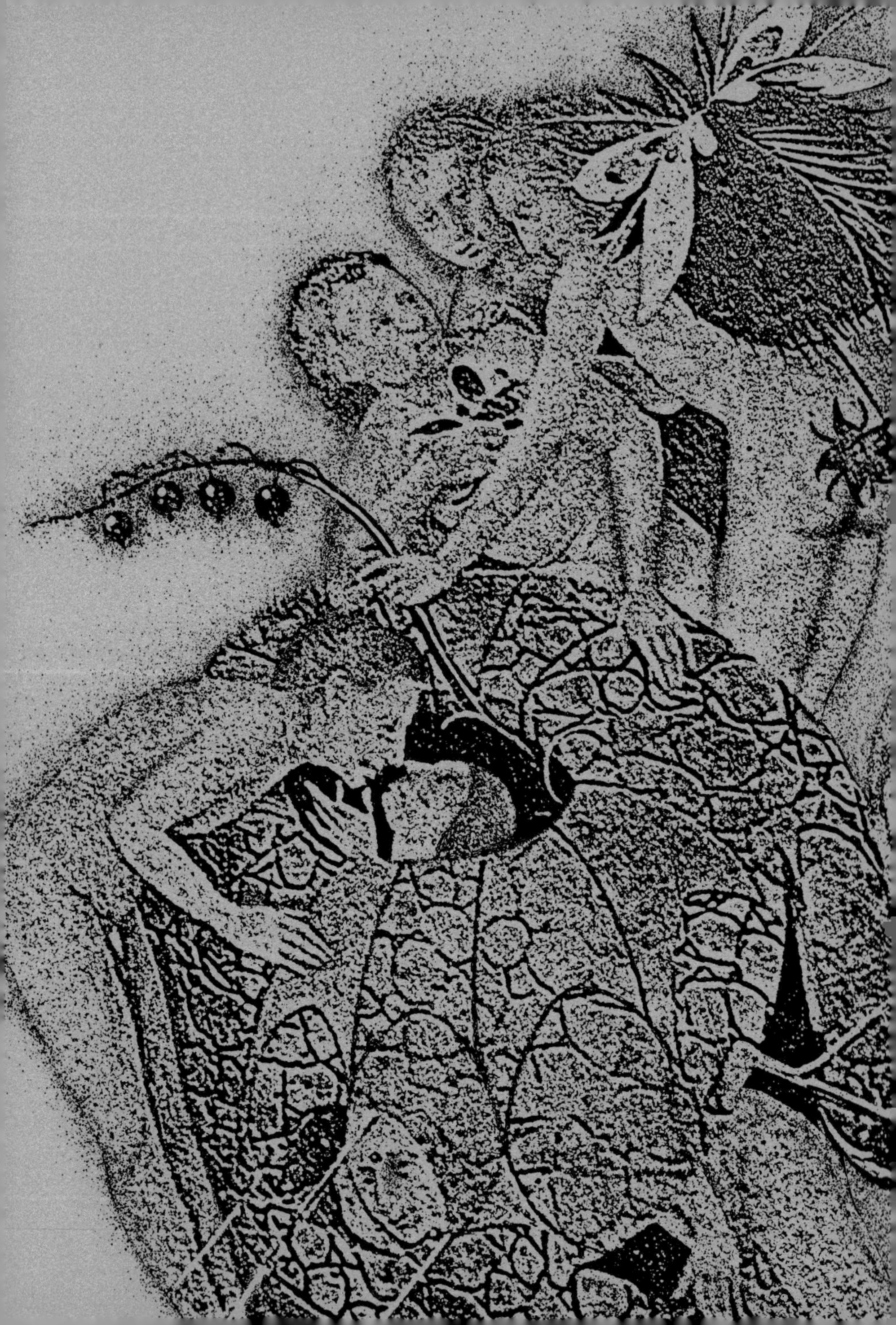

10

»Ich esse Gala«

»Dies Potpourri stak voller Potagen aller Arten, Salaten, Polenten, Frikasseen, Rebhuhn-Tunken, Karbonaden, Gesottnem und Gebratenem, braungeschmauchten uralten Schunken, voll großer Stücken Pökel-Rindfleisch, Sau-Eiter zum Entzücken, Torten, Pasteten, Backwerk, Kuskusgräuplein à la moresque die Hüll und Füll, Gelee, Creme, Käsen, Rahm-Schnee, Obst von allen Sorten.« (PANTAGRUEL, Fünftes Buch, Kap. 23)

DALI
1971

55

56

1 Orange
1 Eßlöffel Campari
1 Kaffeelöffel Ingwer
4 Eßlöffel Cognac
2 Eßlöffel Vieille Cure
1 Prise Cayennepfeffer

55

Cocktail Casanova

Es gibt Augenblicke, in denen Sie aus Übermüdung oder Überarbeitung nach einer Stärkung verlangen. Wir bieten deshalb ein seit langem erprobtes Rezept an, mit dem man diesem Bedürfnis entgegenkommen kann.
Überdies trinkt man diese Mixtur, die wie ein Peitschenhieb wirkt, keineswegs mit jener obligaten Grimasse unterdrückten Ekels, wie das so oft bei der Einnahme von Medizin der Fall ist.
Zuerst wird die Orange ausgepreßt. Auf den Boden eines Glases schütten Sie den Pfeffer und den Ingwer, gießen den Campari (oder einen anderen bitteren Apéritif), dann den Cognac und den Vieille Cure darüber und stellen das Glas in den Kühlschrank, am besten ins Gefrierfach.
Nach einer halben Stunde nehmen Sie das vereiste Glas heraus und setzen den Orangensaft zu.
Jetzt trinken Sie …, und warten Sie auf die Wirkung! Sie kommt ziemlich schnell!

2 Eßlöffel Olivenöl
4 Zwiebeln
1 großer Fischkopf
12 kleine Langusten
1 Flasche Weißwein
1 Glas Wasser
2 Eßlöffel Essig
Cayennepfeffer
2 Tassen Reis
6 Scheiben Kabeljau
1/8 bis 1/4 l frische Sahne
1 Eßlöffel Olivenöl
1 Eßlöffel Mehl

56

Aphroditen-Püree

In einem großen Kochtopf bereiten Sie zuerst die Fischgrundbrühe: Zunächst lassen Sie das Olivenöl lange heiß werden und geben dann den Fischkopf, die Gräten und Haut des Kabeljaus sowie die zerstoßenen Langustenschalen dazu. Unter ständigem Rühren bräunen lassen, dann mit Wein, Essig und Wasser ablöschen und Cayennepfeffer darüberstreuen.
Lassen Sie diesen Sud 30 Minuten sacht köcheln, wobei Sie den Kabeljaukopf allmählich zerdrücken und damit auflösen. Zum Schluß rühren Sie den Sud portionsweise durch ein Haarsieb und drücken dabei den Saft kräftig aus. Die Fischbrühe ist nun fertig.
Etwa 5 Tassen Brühe lassen Sie aufkochen, schütten die 2 Tassen Reis hinein, geben die Fischscheiben dazu und lassen das nun etwa 20 Minuten ziehen. Gegen Ende des Kochprozesses nehmen Sie den Deckel ab, damit der Reis trocknet, drehen den Fisch durch einen Fleischwolf, da Kabeljau mit Quirlen oder Rührstäben nicht beizukommen ist, und rühren die Masse dann mit Sahne geschmeidig.
Das Schwanzstück der Langusten wird von der Innenseite mit der Schere aufgeschnitten, das Fleisch herausgezogen, in Mehl gewälzt und 10 Minuten in Öl gebraten. Die Langustenschwänze dienen als Dekoration auf der Püreeplatte.

1 Wildschweinkeule (vom Frischling)
1 Flasche Burgunder
2 Lorbeerblätter
3 Prisen Pfefferkraut
1 Knoblauchzehe
100 g fetter Speck
6 große Scheiben Landbrot
1 Eßlöffel Schweineschmalz
2 Würfel Hühnerbrühe, 2 Zwiebeln
3 große schwarze Rettiche
2 Eßlöffel Salz, 1 l Wasser
2 Dessertlöffel Gelée royale

57

Wildschweinkeule mit schwarzem Rettich

Legen Sie die Keule in eine Schüssel, geben Lorbeerblatt, Bohnenkraut, zerstoßenen Knoblauch, Salz und Pfeffer dazu, übergießen sie dann mit dem Burgunder und lassen sie zugedeckt mindestens 3 Tage stehen.
Der Speck wird in kleine Stückchen geschnitten und in Salz und Pfeffer gewälzt. Jetzt nehmen Sie die Keule aus der Marinade, trocknen sie ab und spicken sie mit den vorbereiteten Speckstückchen.
Der Rettich wird geputzt, in Scheiben geschnitten und mit Salz bestreut. Lassen Sie ihn 2 Stunden durchziehen und spülen ihn dann unter Wasser ab. In einer Kasserolle lassen Sie nun die Zwiebeln in Schweineschmalz bräunen und schütten, wenn sie eine schöne Farbe angenommen haben, den Rettich hinein, lösen den Würfel Hühnerbrühe in so viel Wasser, daß alles gerade von der Flüssigkeit bedeckt ist, und bringen sie zum Kochen. Der Rettich ist gar, wenn die Flüssigkeit völlig verdunstet ist.

Die großen Brotscheiben werden in die Marinade getaucht und dann auf ein gebuttertes Backblech gelegt.
Stellen Sie den Backofen nun auf starke Hitze, schieben das Brot unten hinein, etwas höher eine Schüssel mit der restlichen Marinade, legen den Grillrost mit der Wildschweinkeule darüber und lassen sie 20 Minuten braten.
In der Zwischenzeit pürieren Sie den Rettich, würzen eventuell mit Salz und Pfeffer nach und stellen das Püree warm. Jetzt nehmen Sie das gegrillte Brot aus dem Ofen, mischen das Gelée royale unter das Rettichpüree, bestreichen die Brotscheiben mit dieser Masse und stellen sie warm. Die Keule wird aus dem Ofen genommen, die Soße vom Fett befreit, in eine Sauciere gefüllt und serviert.

250 g Mehl, 10 g Hefe
2 Eßlöffel Wasser, 4 Eier
100 g Butter, 1 Eßlöffel Butter
6 Zwiebeln
6 große oder 12 kleine Champignons
1/2 Eßlöffel Butter
etwa 100 g Weißbrot ohne Rinde
4 Eßlöffel Milch, 2 Schalotten
400 g Rinderhack, 100 g fetter Speck
150 g Bratwurstmasse
Thymian, geriebenes Lorbeerblatt in Pulverform
4 Petits-suisses
1 große Dose Tomatenmark
1/8 bis 1/4 l Sahne, 1 Eiweiß
2 Eßlöffel Butter, 2 Eßlöffel Mehl
1/4 l Milch

58

Durchbohrtes Herz

Lösen Sie die Hefe in 2 Eßlöffeln lauwarmem Wasser auf und geben sie dann in eine Vertiefung in der Mitte des Mehls. Nun wird langsam ein Teig geknetet und dabei nacheinander Salz und Eier hinzugegeben, so daß immer mehr Mehl vermischt wird; dann werden 100 g der zerlassenen, ausgekühlten Butter darüber gegossen und alles Mehl verrührt. Den Teig stellen Sie an einen warmen Platz und lassen ihn gehen.

Inzwischen dünsten Sie die Zwiebeln und Champignons in 1 Eßlöffel Butter, bis sie ihren Eigensaft verloren haben, pürieren die Mischung mit dem Rührstab und mengen sie unter den Teig, den Sie dann in eine gebutterte Kuchenform schütten. (Die Form sollte etwa zur Hälfte gefüllt sein.) Er wird nun bei starker Hitze 25 Minuten gebacken.

Unterdessen bereiten Sie das Herz zu: In einer Schüssel haben Sie das Brot in Milch eingeweicht. Drücken Sie es jetzt kräftig aus, vermischen es mit den feingehackten Schalotten, dem Rinderhack, dem in kleine Würfel geschnittenen Speck, der Bratwurstmasse, dem zerstoßenen Thymian, dem Lorbeerblatt, den feingeschnittenen Petits-suisses, formen aus dieser Masse ein Herz und legen es auf ein leicht gefettetes Backblech. Jetzt bestreichen Sie es noch mit einer Mischung aus einem Eßlöffel Tomatenmark, einem Eßlöffel Sahne und einem Eiweiß und lassen es bei starker Hitze etwa 25 Minuten im Ofen backen. Von Zeit zu Zeit sollten Sie es nochmals mit dieser Mischung bestreichen, damit es wie glaciert wirkt.

In einer Kasserolle lassen Sie die Butter zergehen, lassen darin das Mehl kurz durchziehen, löschen dann mit der Milch und dem Rest Sahne ab, geben das übrige Tomatenmark hinein, pfeffern und salzen aber erst nach dem zweiten Aufkochen. Das Herz richten Sie nun auf dem Kuchen an und servieren die Soße in einer Sauciere dazu.

1972

1 Eßlöffel Olivenöl
4 Schalotten
4 Eßlöffel Mehl
1 l Milch
Cayennepfeffer
3 Hummer (jeweils 500 g)
1 kg Spinat (oder 1 Dose)
150 g Butter
4 l Wasser
100 g Pistazien
4 Eßlöffel Mirabellenschnaps

Die Hummer nehmen Sie aus der Soße, schneiden sie in der Mitte durch und setzen sie auf eine heiße Platte. Sie werden mit dem Mirabellengeist übergossen und flambiert.
Die Béchamelsoße wird nun in eine tiefe Schale gegossen und der Spinat rundherum kranzförmig angeordnet. Die wieder zusammengesetzten Hummer thronen obenauf.

59

Hummer in Grün, Weiß, Rot

Lassen Sie die feingehackten Schalotten in dem Olivenöl langsam goldgelb werden. Wenn sie glasig werden, stäuben Sie das Mehl darüber, verrühren es kurz und gießen dann die kalte Milch auf. So erhalten Sie nach dem ersten Aufkochen eine besonders leichte und saftige Béchamelsoße, die Sie noch salzen und pfeffern müssen. In dieser Soße lassen Sie die Hummer 20 Minuten kochen.
Die Spinatblätter werden gewaschen, von den Stielenden befreit und 10 Minuten in Salzwasser gekocht.
Nicht den Deckel daraufsetzen, damit der Spinat seine Farbe behält! Danach lassen Sie ihn abtropfen, spülen ihn unter kaltem Wasser und drücken ihn mit den Händen kräftig aus.
Jetzt geben Sie den Spinat mit der Butter auf eine Pfanne und setzen die Pistazien zu.

60

Tafel Seite 160/161

Fasan »Raphaël Ravenga«

Ein schöner Fasan wird im Ofen etwa 40 Minuten gebraten. Dann nehmen Sie ihn heraus, kochen den Bratensatz in der Pfanne mit je einem Glas Madeira und Sherry ab, geben in Würfel geschnittene Trüffeln hinzu und lassen die Flüssigkeit auf ein Fünftel einkochen. Dann gießen Sie ein wenig Bouillon von Wild und Kalb auf und geben zuletzt noch gewürfelte Gänseleberpastete hinein. Den Fasan legen Sie nun in eine ovale Bratenform, begießen ihn mit der eben bereiteten Soße, schließen den Topf luftdicht ab (mit einer Klebemasse aus Mehl und Wasser) und stellen ihn für ungefähr 10 Minuten in den Ofen.

REZEPT VON LA TOUR D'ARGENT

★ ★ ★

60

11 Nächtliche Gelüste

»Glaubt nur! gehöfelt ward da stark, und getrunken derbe. Zwei Curiosa notiert' ich mir bei dem Gelag: Fürs erst, daß keine Fleischspeis kam, es mocht sein was für Sort es wollt, Reh, Kapphähn, Schwein (und deren gibt es in Papimanien ein gutes Teil), Kanickel, Tauben, Hasen, Truthähn und so weiter, die nicht brettsdick mit magistralischer Farß durchnudelt gewesen wär. Fürs zweit: daß alle Tisch und Nachtisch von den jungen mannbaren Töchtern des Landes aufgetragen wurden, lieben, holden, herzigen Hühnlein und Blondinlein, das schwör ich euch, im schönsten Flor.« (PANTAGRUEL, Viertes Buch, Kap. 51)

Als Dessert »Roquefort suprême« und unter den zarten Brüstchen die schillernden Sputniks – auf der Erde zuhaus, wie der Name schon sagt.

TAPIOCA

1 kg Zucker
1 Glas Wasser
1 Kaffeelöffel Butter
1 Marmorplatte
1 Eßlöffel Öl
200 g Pinienkerne

61

Karamel mit Piniennüssen

In einer Kasserolle werden Zucker und Wasser auf kleiner Flamme gekocht. Sie müssen sehr vorsichtig zu Werke gehen, denn der Zucker wird zu Karamel und brennt leicht an.

Wenn der Karamel richtig braun ist und leicht verbrannt riecht, nehmen Sie ihn schnell vom Feuer, geben den Eßlöffel Butter hinein und lassen sie zergehen, ohne umzurühren.

Mit dem Eßlöffel Öl haben Sie vorher schon eine Marmorplatte eingerieben, gießen den Karamel jetzt ganz schnell darauf, rühren ihn mit einem Spatel oder Holzlöffel durch und geben dabei die Piniennüsse hinein.

Bald ist der Karamel so weit abgekühlt, daß Sie mit den Händen weiterarbeiten können. Aufpassen, daß er nicht zu fest wird!

In der Handfläche formen Sie nun kleine Würste, die Sie noch verzieren und dann vollständig erkalten lassen.

1/2 l Traubensaft
1/2 l Aprikosensaft
8 Eßlöffel Grieß
140 g Puderzucker
100 g frische Sahne
200 g Pflaumen in Alkohol (nach Wunsch)
200 g frische Sahne

62

Fruchtcreme

Gießen Sie den Trauben- und den Aprikosensaft in eine Kasserolle, schütten, sobald er kocht, den Grieß hinein und lassen ihn unter ständigem Rühren 5 Minuten kochen. Dann ziehen Sie die Sahne unter, nehmen den Topf vom Feuer und schlagen die Masse, wenn sie abgekühlt ist, mit dem Schneebesen durch, um sie zu glätten. Dann können die in Stücke geschnittenen Pflaumen daruntergemischt werden.

Da dieses Dessert im allgemeinen auch bei Kindern sehr beliebt ist, sollten Sie dann auf die Alkohol-Früchte verzichten.

Gießen Sie die Mischung nun in eine Schale und stellen sie in den Kühlschrank.

Die Sahne wird geschlagen und gezukkert, so daß eine Creme Chantilly entsteht, wie sie im Rezept »Pfirsich mit Mandeln« (Rezept 71) beschrieben ist.

Wird die Creme Chantilly schon vorher zubereitet, empfiehlt es sich, sie in einem Sieb aufzubewahren, damit die sich bildende Milchflüssigkeit abtropfen kann.

Vor dem Servieren verzieren Sie die Oberfläche der Fruchtmischung damit.

Rezept für 8 Personen
Aus folgenden Zutaten
stellt man einen Sirup her:
250 g Zucker
400 g Wasser

63

Sorbett mit altem Champagner

Lassen Sie den Sirup eine Weile abkühlen und gießen ihn dann mit einer Flasche altem Champagner auf.
20 Minuten vor dem Servieren sollte man diese Mischung in eine Sorbettiere füllen.

REZEPT VON MAXIM'S

★ ★ ★

1 kg Backpflaumen
1 Flasche weißer Rum
1 Flasche Whisky
1 Stange Vanille
1 Gewürznelke
Puderzucker

64

Backpflaumen in Alkohol

Die Sitte, Rumtöpfe und dergleichen anzusetzen, ist in modernen Haushalten leider verloren gegangen.
Dabei macht es großen Spaß, diese Töpfe mit so köstlichem Inhalt im Beisein guter Freunde zu öffnen.

Wir haben es mit verschiedenen Rezepten und ausgeklügeltem Sirup versucht, doch auch unsere Zubereitung, die zugleich die einfachste ist, hat uns voll befriedigt, und wir versprechen Ihnen einen vollen Erfolg!
Füllen Sie die Pflaumen in den Topf, so daß er nicht ganz voll ist, begießen ihn reichlich mit einer Halbe-Halbe-Mischung aus Rum und Whisky, geben die Vanillestange und die Gewürznelke hinein, verschließen den Topf und stellen ihn weg.
Nach einer Woche und dann noch einmal nach 14 Tagen müssen Sie vielleicht noch etwas Alkohol nachgießen.
Nach etwa zwei Monaten probieren Sie und zuckern, wenn Ihnen die Mischung nicht süß genug erscheint, nach und stellen den Topf dann für weitere 14 Tage weg.
Wie Sie sehen, ist es das Schwierigste, geduldig warten zu können.
So können Sie auch Birnenstückchen, Kirschen, Weintrauben (schneiden Sie den Stiel mit einer Schere so ab, daß nur noch ein kleines Stückchen daran bleibt), mit einer Nadel angestochene Eierpflaumen oder Himbeeren ansetzen.
Ganz zuletzt ersetzen Sie die Rum-Whisky-Mischung durch den der Frucht entsprechenden Alkohol.

Sandkuchenteig:
250 g Mehl
100 g Butter
1/2 Glas Wasser
2 Eier
2 Eßlöffel Zucker
8 Zitronen
250 g Zucker
4 Eßlöffel Rum
4 Löffelbiskuits
3 Bananen

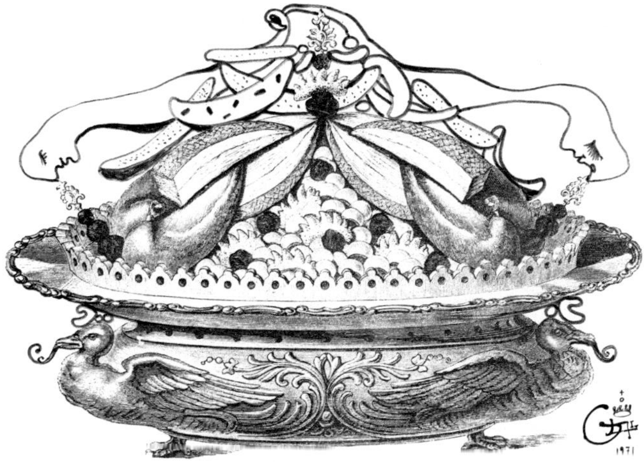

65

Bananentorte

Die Butter nehmen Sie schon eine Weile vorher aus dem Kühlschrank, um sie weichzukneten.
Das Salz wird mit der Butter vermischt und in die Mitte des aufgeschütteten Mehls gelegt.
Lösen Sie nun den Zucker in Wasser auf, gießen das Zuckerwasser ganz langsam darüber, verkneten es mit der Butter und dem Mehl, schlagen die Eier hinein und kneten den Teig mit der Hand; er wird fest und löst sich leicht von den Fingern. 2 Stunden ruhen lassen.
Mit einem scharfen Messer werden die zwei Zitronen möglichst dünn (also ohne den weißen »Innenpelz«) geschält, in wenig Wasser 5 Minuten ausgekocht und dann in feine Streifen geschnitten. Die beiden geschälten und noch 3 Zitronen werden ausgepreßt, die restlichen 3 werden in Scheiben geschnitten.
Schütten Sie nun 200 g Zucker in den Saft und lassen die in Streifen geschnittene Zitronenschale und die Scheiben darin auf kleiner Flamme 20 Minuten kochen.
Die Biskuits werden zerkrümelt und der Rum darübergegossen. Dann fischen Sie die Zitronenscheiben aus dem Saft, geben die rumgetränkten Biskuitkrümel hinein und lassen weitere 5 Minuten kochen.
Mit einem Nudelholz wird der Teig etwa 1 cm dick gerollt, in eine Tortenbodenform gelegt und mit einer Messerspitze mehrfach eingeritzt. Darüber gießen Sie den abgekühlten Zitronensaft, schälen die Bananen, schneiden sie in Scheiben und verteilen sie im Wechsel mit den Zitronenscheiben auf dem Tortenboden. Dann bestreuen Sie alles mit dem restlichen Zucker und lassen die Torte 25 Minuten bei starker Hitze im Ofen backen.

Biskuitteig:
125 g Zucker, 100 g Mehl
60 g Butter
4 Eier, 300 g Nüsse
100 g Zucker
200 g Butter
1 Glas Vieille Cure, 2 Eier
300 g kandierte Früchte
Für die Meringe:
4 Eiweiß
250 g Puderzucker
1 Kaffeelöffel Zimt

66

Meringenbiskuit

In einer großen Schüssel mischen Sie den Zucker und die 4 Eidotter und rühren sie mit einem Spatel oder einem Holzlöffel gründlich durch, bis die Mischung schaumig und fast weiß ist. Die 4 Eiweiß werden zu steifem Schnee geschlagen und die Butter bei kleiner Flamme zerlassen. Ziehen Sie nun Eischnee und Mehl unter die Mischung aus Zucker und Eidotter und geben, wenn alles zu einer gleichmäßigen Masse verarbeitet ist, die zerlassene und inzwischen lauwarme Butter dazu. Dieser Prozeß muß zügig, aber trotzdem vorsichtig, vonstatten gehen. Sobald die Zutaten zu einem glatten Teig vermischt sind, hören Sie auf zu rühren, damit er nicht zu fest wird und beim Backen eine für Auge und Zunge gleichermaßen unangenehme Braunfärbung annimmt.
Jetzt gießen Sie den Teig in eine zuvor gebutterte und mit Mehl bestäubte Form und backen ihn im vorgewärmten Ofen bei starker Hitze etwa 20 Minuten.
In der Zwischenzeit mahlen Sie die Nüsse, mischen sie mit dem Zucker und der Butter und kneten diese Mischung gut durch. Die kandierten Früchte werden in kleine Würfel geschnitten.
Wenn Sie den Biskuitkuchen aus dem Ofen genommen haben, schneiden Sie ihn zweimal horizontal durch, so daß drei dicke Scheiben entstehen, die mit Vieille Cure beträufelt werden.
Nun streichen Sie die Nußbutter auf die untere Scheibe, streuen die kandierten Früchte darüber, legen die nächste Scheibe darauf, bedecken sie mit den restlichen Mandeln und kandierten Früchten und legen dann die letzte Scheibe darauf.
Die Eiweiß werden zu steifem Schnee geschlagen und der Puderzucker und der Zimt vorsichtig daruntergezogen. Auf das gebutterte und mit Mehl bestäubte Backblech setzen Sie den gefüllten Biskuitkuchen und bedecken ihn mit Hilfe eines Spatels, eines langen Messers oder eines Löffels mit dem Eischnee. Wenn Sie eine Konditorspritze besitzen, können Sie auch noch Dekorationen anbringen.
Dann wird das Blech bei schwacher Mittelhitze für 45 Minuten in den Ofen geschoben. Während dieser Zeit sollte die Ofentür halb geöffnet bleiben.

67

Elysée Becher

Der Elysée-Becher ist ein Mürbeteigförmchen oder ein kleines Tortelett aus Blätterteig, das Sie folgendermaßen garnieren: unten eine Scheibe sehr feiner Sandkuchen mit Kirschsirup befeuchtet, darüber eine Kugel Vanilleeis mit Obst je nach Jahreszeit belegt und das alles mit einem Eßlöffel kirschgeistgetränktem Johannisbeergelee bedeckt. Den Tortelettrand verzieren Sie innen mit Creme Chantilly.
Das Ganze wird mit einem Zuckergespinst überzogen. Dazu kochen Sie Zukker »au grand cassé« (200 g Zucker und 40 g Traubenzucker für 8 dieser Gespinste) und lassen ihn dann wie ein dünnflüssiges Netz über den Rücken eines Schöpflöffels rinnen.

REZEPT VON LASSERRE

★ ★ ★

1 Glas Rum
6 Zuckerwürfel
250 g entkernte Backpflaumen
1 Dose Maronen (1 kg)
400 g Puderzucker
100 g Butter
125 g Schokolade
3 Eier

68

Schokolade mit Rum

Lassen Sie Zucker, Rum und Backpflaumen in einer Kasserolle kochen und dann 10 Minuten ziehen.
Wenn der Saft abkühlt, schwellen die Backpflaumen an.
In eine Schüssel geben Sie die abgetropften Maronen und den Zucker, zerdrücken beides ganz sacht mit der Gabel und rühren zum Schluß die Butter darunter. Die Schokolade lassen Sie in dem Rum, der zum Einweichen der Backpflaumen gedient hat, zergehen, geben sie dann zusammen mit den einzeln anzurührenden Eidottern zu dieser Mischung und ziehen das zu steifem Schnee geschlagene Eiweiß unter ständigem Rühren darunter. Gleich darauf in eine gebutterte und mit Mehl bestäubte Form gießen und 1 Stunde bei guter Mittelhitze im Ofen backen. Vorsicht: Der Teig geht beim Backen auf. Die Form sollte also nur zu zwei Dritteln gefüllt werden.
Danach stürzen Sie die Form und garnieren die Speise mit den Backpflaumen.

Rezept für 6 Personen
3 Eier
100 g Zucker
50 g Mehl
25 g gemahlene Mandeln
25 g zerlassene Butter

69

Die Brustspitzen der Venus

Rühren Sie aus den angegebenen Zutaten den Teig und backen ihn in einer Biskuitform bei schwacher Mittelhitze.
Dann stechen Sie 6 runde Plätzchen von 1 cm Dicke und 8 cm Durchmesser aus und beträufeln sie mit Kirschsirup.
6 schöne Birnen werden in Zuckersirup pochiert. Wenn sie abgekühlt sind, wird das Innere mit einem kleinen Löffel herausgenommen und mit Himbeereis aufgefüllt. Nun setzen Sie sie auf die runden Biskuitkekse, ordnen sie auf einer flachen Platte an, übergießen sie mit einem Baiserteig, in den Sie zuletzt noch 2 Eidotter gerührt haben und überbacken sie nur 2 Minuten im vorgeheizten Ofen, so daß die Baisermasse sich zart färbt. Schnell auftragen.

REZEPT VON MAXIM'S

★ ★ ★

70
Soufflé Kocisky

5 Eßlöffel Schlagsahne nach Konditorart (Zubereitung: Lassen Sie 0,15 l Milch aufkochen, gießen Sie über eine Mischung aus 45 g Zucker, 30 g Mehl und 5 Eidottern, lassen sie 5 Minuten kochen, dann abkühlen und schlagen noch 15 g Butter darunter.) werden mit 2 1/2 Eßlöffeln Pulverkaffee verrührt und erhitzt. Unter diese Masse ziehen Sie vorsichtig 5 zu steifem Schnee geschlagene Eiweiß, schütten diese Masse in eine gebutterte Auflaufform und backen sie 15 Minuten bei milder Hitze.
Sie können die Form auch noch mit likörgefüllten Mokkabohnen ausstreuen.

REZEPT VON LA TOUR D'ARGENT

★ ★ ★

200 g abgezogene Mandeln
200 g Nüsse
200 g Puderzucker
3 Eßlöffel Wasser
6 Eßlöffel Cognac
1/2 bis 3/4 l frische Sahne
6 gelbe Pfirsiche
12 Kaffeelöffel Johannisbeergelee

71 Tafel Seite 179

Pfirsich mit Mandeln

Mandeln und Nüsse werden 2 Stunden in frischem Wasser eingeweicht und dann zerstampft, so daß sich ein glatter Teig ergibt, in den nun der in Wasser und Cognac gelöste Zucker gegeben und gut verrührt wird.
Die frische Sahne wird zu Schlagsahne geschlagen (damit sie nicht zu Butter wird, stellen Sie die Sahne am besten 2 Stunden lang in den Kühlschrank und hören auf zu schlagen, sobald sie nicht mehr vom Schneebesen tropft), mit einem Spatel unter die Masse gezogen, dann in eine flache, geölte Form geschüttet und 1 Stunde ins Gefrierfach und 1 Stunde in den Kühlschrank gestellt.
Inzwischen halbieren Sie die Pfirsiche, nehmen die Steine heraus, überziehen sie mit Zuckerguß und füllen Sie mit Johannisbeergelee.
Legen Sie die Pfirsiche nun auf ein Backblech und schieben sie für 15 Minuten unten in den vorgeheizten Ofen.
Wenn Sie die Mandel-Nuß-Masse aus der Form gestürzt haben, garnieren Sie sie mit den heißen Pfirsichen und servieren sie.

1 kg grüne oder rote Tomaten
400 g Zucker
2 l Wasser
1 Glas Weißwein
der Saft 1 Zitrone
Der Teig:
250 g Mehl
200 g Butter
1 Ei
1 Eßlöffel Wasser

72 Tafel Seite 179

Tomatentorte

Zuerst wird der Teig zubereitet: Lassen Sie die Butter im Wasserbad schmelzen, ohne kochen zu lassen, schlagen in die Mitte des aufgeschütteten Mehls das Ei, geben 1 Prise Salz und die geschmolzene Butter dazu und arbeiten alles kräftig durch. Sobald Sie eine Teigkugel kneten können, lassen Sie die Masse 1 Stunde ruhen.
Geben Sie die Tomaten ein paar Minuten in das kochende Wasser. Dann können Sie die Haut ganz leicht abziehen, entfernen noch die Kerne und schneiden die Tomaten dann in kleine Stücke.
Zusammen mit dem Zucker, Weißwein und Zitronensaft lassen Sie sie in einer Kasserolle 1 Stunde sanft köcheln, die erste halbe Stunde zugedeckt, danach ohne Deckel, damit die Flüssigkeit verdunstet. Der Teig wird auf etwa 1 cm Dicke ausgerollt und eine Tortenbodenform damit ausgelegt.
Die ausgekühlte Tomatenmasse gießen Sie nun auf diesen Teig und schieben ihn bei starker Hitze für etwa 30 Minuten in den Ofen.

71

72

12 Die köstlichen kleinen Martyrien

Zum Schluß stelle ich der Phantasie meiner Leser elephantastische Hors d'œuvres anheim. Sie sollten allerdings wissen, daß eine gustative Inbesitznahme die einzige Art ist, sich eßbare Phosphoreszenzen einzuverleiben.

73

74

1 kg Hammelschulter ohne Knochen
Marinade:
2 Zwiebeln, 2 Prisen Rosmarin
4 Gewürznelken
8 Eßlöffel Olivenöl
1 Eßlöffel Essig
250 g gekochter abgetropfter Spinat
250 g magerer Speck
1 Eßlöffel Schweineschmalz
2 Eßlöffel Mehl
Muskatnuß, 1 Ei, 1 Glas Milch
Speckscheiben für die Pastetenform

73

Hammelpastete

Zuerst schneiden Sie die Schulter in dünne Streifen und entfernen einen Teil der Fettschicht. Dann legen Sie das Fleisch in eine Marinade aus feingehackten Zwiebeln, Rosmarin, zerstoßenen Gewürznelken, Öl und Essig sowie Salz und reichlich frisch gemahlenem Pfeffer und lassen es bis zum nächsten Tag ziehen.
In einem Schmortopf wird das Schweineschmalz zerlassen und darin ganz allmählich der in dünne Streifen geschnittene magere Speck gedünstet. Dann streuen Sie die beiden Eßlöffel Mehl darüber und löschen mit der Milch ab. Auf diese Weise erhalten Sie eine ziemlich dickflüssige weiße Soße, die mit Muskatnuß gewürzt und mit Spinat geglättet wird. Wenn Sie den Topf vom Feuer genommen haben, ziehen Sie noch ein Ei darunter und salzen.
Boden und Seitenwände einer Pastetenform werden mit Speckschnitten ausgelegt und die Hammelstreifen rundherum so angeordnet, daß ein Loch in der Mitte bleibt, in das der Spinat gegossen wird. Obenauf legen Sie wieder Hammelstreifen und decken dann alles mit einer letzten Speckschnitte zu.
Die Pastete wird in der Mitte des Backofens bei guter Mittelhitze etwa 2 Stunden gebacken und, erst wenn sie erkaltet ist, gestürzt.

20 dünne Scheiben Kaviarbrot
10 Anchovisfilets
2 Zwiebeln
1 Knoblauchzehe
6 schwarze Oliven
1 Prise Rosmarin
1 Eßlöffel Maizena (oder Mehl)
4 Eßlöffel Olivenöl

74

Anchovis nach Weihnachtsart

Dieses ganz einfach zu bereitende Toastbrot vereinigt in sich die Düfte des Mittelmeerraumes und der provenzalischen Hügelketten. Ihre Gäste werden durch dieses Gericht ganz bestimmt an Ferien und Sonne erinnert.
Für die Zubereitung ist ein Mörser mit Stößer ideal. An ihrer Stelle können Sie jedoch auch einen Mixapparat oder einen Fleischwolf verwenden. Sie müssen nur darauf achten, daß die Masse einen schönen gleichmäßigen Teig ergibt.
Im Mörser zerstoßen Sie nacheinander die Anchovis, die feingehackten Zwiebeln, die zerschnittene Knoblauchzehe, die entsteinten Oliven und den Rosmarin. Zuletzt geben Sie das Maizena dazu und glätten das Ganze mit Öl.
Jetzt müssen Sie nur noch die Brotscheiben mit diesem Püree bestreichen und sie bei mittlerer Hitze etwa 10 Minuten im Ofen überbacken.

Teig:
250 g Mehl
150 g Butter
2 Eßlöffel Wasser
1 Ei
2 Packungen Quark und Schlagsahne
4 Eier
300 g Speck

75

Trüffeln in »Aschenbrödel«-Blätterteig

Kochen Sie schöne runde Trüffeln von jeweils etwa 40 bis 50 g (man rechnet pro Person eine) in Champagner und Sherry und lassen sie dann abtropfen und abkühlen. Jede Trüffel wird nun mit gut durchgekneteter Gänseleberpastete umgeben, in eine dünne Scheibe gekochten Schinken gewickelt und mit einem sechsfachen Blätterteig umhüllt.
Diese Röllchen werden 15 Minuten bei mittlerer Hitze im Ofen gebacken und dann sehr heiß serviert.

REZEPT VON LASSERRE

★ ★ ★

76

Saftkuchen

Diese Quiche besitzt den Vorzug, daß sie fest und saftig ist. Sie sollten deshalb den Speck recht lange ausbraten lassen, um etwas Knuspriges im Herzen dieser Köstlichkeit unterzubringen. Zur Teigbereitung geben Sie das Mehl, 2 Prisen Salz und 1 Ei in eine große Schüssel, gießen die in 2 Eßlöffeln warmem, nicht heißem, Wasser zerlassene Butter darüber und rühren den Teig nur eben so lange, bis er gleichmäßig geworden ist.
Wenn Sie es nicht allzu eilig haben, lassen Sie ihn noch ein Weilchen ruhen, bevor Sie ihn ausrollen, eine Tortenbodenform mit ziemlich hohen Rändern damit auslegen und mit einem Messer mehrmals einstechen. In eine Schüssel werden die 4 Eier geschlagen, mit Pfeffer und Salz gewürzt und der Speck mit dem Bratensatz aus der Pfanne dazugegeben. Jetzt ziehen Sie den Quark und die Sahne ganz vorsichtig mit einem Spatel unter die Masse und gießen sie, wenn alles gut vermischt ist, auf die Torte, die Sie dann bei starker Hitze etwa 35 Minuten in der Mitte des Ofens backen.

1 Ente
Marinade:
4 Eßlöffel Cognac
2 Prisen Thymian
1 Lorbeerblatt
300 g Geflügelleber
400 g grüne Oliven
2 Scheiben Landschinken
Speckscheiben zum Auslegen der Pastetenform

77

Entenpastete mit Oliven

Zuerst schneiden Sie die Ente in Portionsstücke und schaben alles Fleisch von den Knochen. Die besonders schönen Stücke bewahren Sie gesondert auf. Die Portionen werden 24 Stunden in Cognac, der mit Thymian und Lorbeerblatt gewürzt wird, mariniert.
Am nächsten Tag werden die kleineren Fleischstückchen mit der zerkleinerten Geflügelleber und den gleichfalls zerkleinerten und gehackten grünen Oliven gemischt. Das marinierte Fleisch tupfen Sie trocken und geben es ebenfalls dazu. Mit Salz und Pfeffer sollten Sie vorsichtig umgehen, da die Oliven oft sehr salzig sind.
Boden und Seitenwände einer Pastetenform werden mit den Speckschnitten ausgelegt und die Stücke Entenfleisch daraufgelegt, so daß die Form etwa zu einem Drittel gefüllt ist.
Die erste Schinkenscheibe ist jetzt eine Art Tasche, in die Sie die gesamte Leber-Oliven-Masse füllen, mit der zweiten Schinkenscheibe gut verschließen und nun die Form mit den zurückbehaltenen schönen Fleischstücken füllen. Eine letzte Speckscheibe verschließt das Ganze.
Die Form wird bei starker Hitze für 2 Stunden in einem Wasserbad in den bereits vorgeheizten Ofen gestellt.
Lassen Sie die Form erst erkalten, bevor Sie die Pastete stürzen.

8 Eßlöffel frische Sahne
1 Eßlöffel Tomatenmark
1 Kaffeelöffel Zucker
Cayennepfeffer
1 feingehackte Schalotte
Saft von 1 Zitrone
1 gekochte rote Rübe
300 g Zunge
1/2 Rotkohl
1 Salatkopf

78

Roter Salat

In einer Schüssel vermischen Sie Sahne, Tomatenmark, Zucker, Pfeffer, Zitronensaft und die Schalotte und schlagen die Mischung mit dem Schneebesen durch, bis sie schaumig wird.
Dann geben Sie die in kleine Würfel geschnittene rote Rübe, die in Würfel geschnittene Zunge und zuletzt den ganz fein gehackten Rotkohl hinein und salzen.
Der Salat sollte 2 Stunden vor dem Anrichten bereitet und kühl gestellt werden, damit er durchzieht.
Besonders hübsch macht sich diese Salatmischung, wenn Sie jede Portion auf einem schönen grünen Salatblatt servieren.

Salvador Dali 1931

**Der göttliche
Salvador Domenech
Philippe Hyacinthe
DALI
hat dieses Werk erdacht
und vollbracht
und Gala gewidmet**

Alle noch unveröffentlichten Rezepte dieses Kochbuches sind mit allergrößter Sorgfalt von einem Meisterkoch erprobt worden, der indessen die strengste Anonymität zu wahren wünscht. Lasserre, Maxim's, La Tour d'Argent, das Bahnhofsrestaurant von Lyon haben uns in der liebenswürdigsten Weise Rezepte von höchster gastronomischer Qualität zur Verfügung gestellt, die den Ruhm der französischen Küche ausmachen.

**Unter der Leitung
von René Toutain
hat Draeger
die Seitenaufteilung
unter Mitarbeit
von Max Gérard durchgeführt**

Unser Dank gilt Claude Boullé, Jean Roudillon, den Maisons Deyrolle, Delvaux, Inaltera, der Société Sodame, der Galerie Maison et Jardin und dem Musée Christofle sowie allen, die an der Verwirklichung dieses Projektes mitgearbeitet haben, insbesondere auch den gastronomischen Firmen, deren Unterstützung uns zuteil wurde.

Die Illustrationen der zwölf Kapitelanfänge sind dem Werk von Hieronymus Bosch entnommen.

Hohenzollernring 53, D–50672 Köln
www.taschen.com

Französische Originalausgabe:
Les dîners de Gala
Draeger éditeur, 1973

ISBN 978-3-8365-9586-5
Printed in Italy